LAMBORGHINI
MIURA
COUNTACH
DIABLO
MURCIÉLAGO

Uma lenda italiana

LAMBORGHINI
MIURA
COUNTACH
DIABLO
MURCIÉLAGO

Uma lenda italiana

RICHARD DREDGE

Tradução de
Luiz M. Leitão da Cunha

Copyright © 2007 Richard Dredge
Copyright da tradução © 2014 Alaúde Editorial Ltda.

Título original: *Lamborghini-Miura, Countach, Diablo, Murciélago: A celebration of an Italian legend*

Todos os direitos reservados. Nenhuma parte desta edição pode ser utilizada ou reproduzida – em qualquer meio ou forma, seja mecânico ou eletrônico –, nem apropriada ou estocada em sistema de banco de dados sem a expressa autorização da editora.

O texto deste livro foi fixado conforme o acordo ortográfico vigente no Brasil desde 1º de janeiro de 2009.

PRODUÇÃO EDITORIAL: EDITORA ALAÚDE
Preparação: Temas e Variações Editoriais
Revisão: Claudia Gomes, Grazielle Veiga
Consultoria técnica: Bob Sharp
Impressão e acabamento: 1010 Printing International Limited

EDIÇÃO ORIGINAL: HAYNES PUBLISHING
Edição: Warren Allport
Projeto gráfico: Richard Parsons

1ª edição, 2014

CIP-BRASIL. CATALOGAÇÃO NA PUBLICAÇÃO
SINDICATO NACIONAL DOS EDITORES DE LIVROS, RJ

D822L

Dredge, Richard
    Lamborghini : Miura, Countach, Diablo, Murciélago : uma lenda italiana / Richard Dredge ; tradução Luiz M. Leitão da Cunha. - 1. ed. - São Paulo: Alaúde Editorial, 2014.
    160 p. ; 25 cm.

    Tradução de: Lamborghini - Miura, Countach, Diablo, Murciélago - a celebration of an Italian legend
    Inclui índice

    ISBN 978-85-7881-193-8

    1. Automóveis. 2. Lamborghini (Automóvel) - Itália - História. I. Título.

13-04516   CDD: 388.342
                                            CDU: 656.13

2014
Alaúde Editorial Ltda.
Rua Hildebrando Thomaz de Carvalho, 60
São Paulo SP 04012-120
Tel.: (11) 5572-9474
www.alaude.com.br

CRÉDITOS DAS FOTOGRAFIAS

Arquivo LAT: 58 as duas abaixo, 65 abaixo, 70, 74, 99 abaixo, 100
Arquivo Bertone: 25
Autor: 7 acima, 14 abaixo, 15 abaixo, 16 central, 18 à esquerda, 56 abaixo, 73 abaixo, 75, 78 abaixo, 79 abaixo, 105 abaixo, 115 acima, 151 abaixo
Coleção do autor: 8, 12, 14 acima, 16 acima e abaixo, 17, 18 acima e à direita, 23-4, 26 abaixo, 27-32, 37, 40-3, 47 abaixo, 48 acima, 50, 54-5, 56 acima e central, 57, 58 acima, 59 acima, 60, 61 acima, 65 acima, 68-9, 71-2, 73 acima, 76-7, 78 acima, 79 acima, 80-2, 86, 88, 90-5, 101-4, 105 acima, 112-4, 115 abaixo, 116-8, 121, 123-30, 136-7, 142 acima
EMAP: 83, 98, 99 acima
John Colley: 96-7, 107-11
Lamborghini: 6, 7 abaixo, 9-10, 11, 13, 15 acima, 19, 26 acima, 44-6, 47 acima, 48 abaixo, 49, 59 abaixo, 84-5, 106, 120, 122, 134-5, 140 as três abaixo, 143-50, 151 as duas acima, 152-4, 157 acima
Mike Ryan: 89
Tom Wood: 20-1, 33-6, 38-9, 52-3, 61 abaixo, 62-4, 66-7, 132-3, 138-9, 140 acima, 141, 142 abaixo, 156, 157 abaixo

Sumário

	Introdução	6
	Agradecimentos	8
	As origens da Lamborghini	10
1966–1972	Miura	20
1974–1990	Countach	52
1990–2001	Diablo	96
A partir de 2001	Murciélago	132
	Posfácio	156
	Índice remissivo	158

Introdução

Este livro apresenta quatro modelos Lamborghini – Miura, Countach, Diablo e Murciélago –, abrangendo quatro décadas de história. Entre esses quatro grandes carros, poucas são as características comuns a todos eles. Embora carreguem a marca Lamborghini, a empresa esteve nas mãos de gente de todo tipo em várias ocasiões. Assim, não se pode realmente dizer que ela tenha sido sempre a mesma o tempo todo. Como veremos, os quatro modelos foram testados pelo mesmo piloto de provas – Valentino Balboni –, mas, fora isso, a única coisa em comum entre eles é sua força motriz – aquele magnífico motor central V12.

O V12 original da Lamborghini era um motor de 3,5 litros altamente preparado, que funcionou pela primeira vez em 1963 e, ao ser utilizado no 350GT, estava mais refinado e mais dócil. O desenvolvimento continuou acelerado e, quando surgiu o Miura, a cilindrada era de 3.929 cm^3 com uma potência de 350 cv. A história de seu desenvolvimento será contada no próximo capítulo.

A cada novo exemplar desses V12 de dois lugares que saía da linha de produção da Lamborghini, o motor era ainda mais aprimorado. O protótipo do Countach de 1971 foi equipado com um derivado de 4.971 cm^3, mas, no lançamento do carro, em 1974, o volume havia sido reduzido a meros 4 litros, com uma potência anunciada de 375 cv a 8.000 rpm. No entanto, em 1980, a potência aumentou com a chegada de uma unidade de 4.754 cm^3 capaz de gerar uma potência de até 375 cv a 7.000 rpm, com 41,75 mkgf de torque a 4.500 rpm.

Talvez o maior marco até então na carreira do V12 seja a adoção de cabeçotes com quatro válvulas, surgidos em 1985. Com esses carros chamados Quattrovalvole ("quatro válvulas"), houve também um aumento do curso para uma cilindrada de 5.167 cm^3. A adoção de quatro válvulas por cilindro foi considerada uma alternativa à instalação de um turbocompressor – e o resultado foi assombroso. Não apenas a potência aumentou para 455 cv, como também o torque saltou para 51,02 mkgf a 5.200 rpm.

INTRODUÇÃO

Embora com a capacidade do V12 aumentada de 3,5 litros para 5,2 litros em pouco mais de duas décadas, o limite ainda estava muito longe de ser atingido. Em 1999, o motor passou para 6 litros, e, então, mais uma vez, para 6,5 litros, em 2006, com o surgimento do Murciélago LP640. Com uma enorme potência de 631 cv, o motor tinha mais que o dobro da potência original, de quando foi apresentado pela primeira vez; o que remete à pergunta: até aonde ele pode ir?

Apesar de o foco deste livro ser o clássico quatro comandos de válvula, esse não foi o único motor fabricado pela Lamborghini. Nos anos 1970, um modelo diferente foi desenvolvido para uso marítimo, com cilindradas de 6 ou 8 litros. Ele não tinha nada em comum com o V12 projetado pela Bizzarrini, com um ângulo de válvula mais estreito e fisicamente maior. Embora não tenha sido utilizado por um longo tempo após seu desenvolvimento, ele viria a equipar, em uma versão de 7,3 litros, o fora de estrada LM 004, como será descrito no capítulo do Countach. Mas os momentos mais interessantes talvez ainda estejam por vir.

Há rumores sobre um V12 inteiramente novo sendo desenvolvido em Sant'Agata. Terá de ser um tremendo motor para superar seu antecessor.

Acima: O Anniversary foi a versão final do Countach antes do surgimento do Diablo.

Na página ao lado: O emblemático V12 da Lamborghini no Miura versão SV.

À esquerda: O SV foi a versão final do Miura antes de o Countach substituí-lo.

Agradecimentos

Sem a ajuda de algumas pessoas, não teria sido possível produzir este livro desta forma. Primeiro, preciso agradecer aos proprietários dos carros fotografados. São eles: Henry Weizmann e seu belo Miura, além de Craig Baker com seu maravilhoso Countach 1976, que rodou pouco mais de 4.800 km desde sua aquisição, zero-quilômetro. Paul Bailey é o proprietário do Murciélago, enquanto quem cuida do SE30 é Richard Murray. No entanto, sem a cooperação e os conhecimentos dos fotógrafos Tom Wood (www.tomwooduk.com) e John Colley, as fabulosas fotografias que ilustram o livro não teriam sido incluídas.

Também auxiliaram com as fotografias Kevin Wood, da LAT (www.latphoto.co.uk), e Ted Walker, proprietário do maravilhoso arquivo Ferret Photographic (www.ferret1.co.uk).

Elisabetta Farmeschini, da Bertone, ofereceu algumas fotos do arquivo da empresa, portanto, muitos agradecimentos lhe são devidos.

Assegurar a exatidão do texto relativo às várias réplicas de Lamborghini não seria fácil, porque esse é um terreno confuso. Todavia, o sempre afável Chris Rees deu uma grande ajuda aqui – e o também muito prestativo Graham Sandford-Jones (www.lamboreplica.co.uk) contribuiu de forma inestimável. Graham é o grande responsável pelo negócio dos kits de carros Lamborghini, tendo se envolvido em vários projetos, como potencial proprietário de empresa ou como dono de veículo. Ele se sentia feliz em me dispensar seu tempo para assegurar que as réplicas houvessem sido planejadas com a maior fidelidade – embora isso seja um assunto muito complicado!

Obrigado também a Mike Ryan, construtor do maluco Countach anfíbio – um sujeito muito bom, que adorava bater papo, além de ter me emprestado fotos de sua coleção muito doida (www.searoader.com).

Devo ainda muita gratidão a Sourein Jabourian, um aficionado por Lamborghinis, que conhece muito o assunto em proveito próprio. Ele é também um homem de grandes conhecimentos gerais, que adorou dedicar grande parte de seu tempo para garantir que este livro contivesse a menor quantidade de erros possível. Agradeço também Warren Allport e Peter Nicholson, por sua cuidadosa verificação de tudo na fase de produção. Por fim, meu reconhecimento a Andrew Romanowski, proprietário de três Lamborghinis e diretor para a região do Centro-Oeste do Lamborghini Club of America (www.midwestlambos.com). Andrew conferiu todo o original para assegurar que nenhum erro ocorresse, portanto, sou-lhe muito grato.

Sobre esta nota, eu tentei com afinco garantir que este livro seja tão preciso quanto minha capacidade de fazê-lo, sabendo muito bem que a tarefa assumida era das mais arriscadas. Toda vez que eu mencionava a alguém que estava escrevendo este livro, diziam-me sem meias palavras que todos os livros até aqui escritos sobre a Lamborghini continham muitos erros. Embora os que criticam tais livros raramente saibam se seus próprios conhecimentos são precisos ou os fatos contidos no texto que eles deploram. Quem pode dizer qual é a versão verdadeira dos fatos?

Fiz o melhor que pude para me certificar de que este livro seja preciso, mas é comum que duas fontes distintas se contradigam. Um exemplo disso está nos números de produção: quando números específicos foram informados, foram dados como corretos, mas podem não ser 100% precisos. A Lamborghini nunca foi lá muito boa na manutenção de registros exatos...

Richard Dredge
Julho de 2007

Na página ao lado: Ninguém teria imaginado que, quando a Lamborghini apresentou seu novo V12 em 1963, ele permaneceria firme e forte no século 21, no Murciélago.

À direita: O Diablo Roadster surgiu em 1995 e era muito mais que um cupê com a capota recortada.

AGRADECIMENTOS

LAMBORGHINI

As origens da Lamborghini

Começar uma revolução quando ainda se é pequeno é um feito e tanto, mas foi exatamente isso o que a Lamborghini fez com o Miura. Quando o chassi desse carro de motor central foi exibido durante o Salão de Genebra de 1965, a empresa tinha apenas dois anos de existência. Naquela época, a mais nova fabricante italiana de supercarros já havia produzido uma série de modelos, começando com o 350GT e passando para o 400GT. No entanto, após a estreia do primeiro carro da Lamborghini, o 350GTV, no Salão de Turim de 1963, ficou a impressão de que a companhia estivesse acabada.

AS ORIGENS DA LAMBORGHINI

O homem por trás de tudo: Ferruccio Lamborghini

Nascido em 28 de abril de 1916, em Renazzo di Cento, Ferruccio Lamborghini estava de alguma maneira destinado a trabalhar com maquinário. Seus pais eram agricultores e ele sempre esteve em contato com todos os tipos de implementos agrícolas. Por isso, estudou no instituto técnico local, onde se destacou.

Embora tivesse passado o período da guerra no Exército italiano, assim que as hostilidades cessaram, Lamborghini vislumbrou uma oportunidade de negócio: converter veículos militares para uso civil. A expansão do seu império foi rápida, com muitos veículos disponíveis e mão de obra suficiente para transformá-los. Havia também uma forte demanda por eles e, em 1947, a Lamborghini conseguiu comprar um Fiat Topolino, que participou da competição Mille Miglia de 1948. Um acidente após 1.100 km fez com que ele percebesse que seu negócio não era ser piloto de corridas; assim, deixou o Fiat de lado, passando a se dedicar em 1949 à fundação e implantação de uma fábrica de tratores.

Construir os veículos, em vez de converter unidades desativadas, exigia de Lamborghini muita concentração em sua nova atividade. Seus tratores eram muito bem-feitos e vendiam bastante; quando expandiu suas atividades para a fabricação de aquecedores e sistemas de ar-condicionado, em 1960, ele já era um dos grandes industriais da Itália.

Com tamanho sucesso, Lamborghini enriqueceu muito e tornou-se proprietário de uma variedade de carros de luxo e esportivos. Mas aqueles veículos não foram comprados por exibicionismo: sendo um apreciador da boa engenharia, ele se concentrou nos carros de melhor engenharia da época. Entre eles estava uma Ferrari, que ele achou muito barulhenta; para ele, os carros esportivos deveriam ser muito mais refinados. Todo mundo sabia que os carros de passeio da Ferrari, na época, só existiam para financiar a equipe de corrida, e isso fez com que Lamborghini resolvesse fundar sua própria fábrica de carros.

No entanto, quando as dificuldades começaram, em 1973, Lamborghini resolveu obter ajuda financeira vendendo o controle de sua empresa fabricante de supercarros.

Assim, em 1974, ele havia quase se mudado para sua enorme casa de campo, La Fiorita, localizada próxima a Perugia, onde cuidava de seu vinhedo de 80 hectares. Contudo, havia ainda uma ligação com os carros: ele produzia um vinho chamado Bull's Blood, e cada garrafa ostentava o emblema de um touro em investida. Embora haja rumores de que tenha tentado salvar da falência sua antiga empresa de supercarros quando as coisas ficaram realmente ruins, em 1980, nada foi provado. Portanto, a única coisa que sabemos é que ele produziu vinhos de 1973 até morrer, em 20 de fevereiro de 1993.

Acima: Ferruccio mostra com orgulho a primeira criação de sua empresa, o fracassado 350GTV.

À esquerda: Ferruccio e Bob Wallace observam o inovador Miura.

Na página ao lado: Ferruccio Lamborghini, então muito jovem, ao lado de um V12 de 3,5 litros; o 350GTV aparece ao fundo.

11

A base Sant'Agata

Com uma fortuna já consolidada, Ferruccio Lamborghini construiu uma fábrica nova, que lhe custou meio bilhão de liras (na época, cerca de 2,86 milhões de libras); em valores corrigidos, não muito menos do que os 220 bilhões de liras gastos por Bugatti com sua nova fábrica, em 1989. Ele escolheu erguê-la em Sant'Agata, a 25 km ao norte de Bolonha, e as obras se iniciaram em 1963 e terminaram no ano seguinte.

Fazia sentido para ele se estabelecer em Sant'Agata, porque residia na região, conhecida como Emilia Romana. Essa era também a região em que se encontrava a maior parte dos engenheiros e projetistas importantes e, como esses profissionais eram inclinados a mudar de uma companhia para outra – às vezes em rápida sucessão –, não tinha lógica instalar-se em um local sem mão de obra qualificada. Mas havia um inconveniente naquele lugar: a população era notoriamente de esquerda. Na verdade, gostava de ser chamada de comunista, apesar de apreciar a boa vida.

À direita e abaixo: A fábrica da Lamborghini nos anos 1960; a foto de cima mostra um engradado contendo peças de trator.

AS ORIGENS DA LAMBORGHINI

Apesar de a região ter baixos índices de desemprego e ser rica, seus habitantes costumavam fazer greves com as mais inconsistentes pretensões. Com baixíssimos índices de produtividade ao longo de suas quatro primeiras décadas, a última coisa de que Lamborghini precisava era um grupo de empregados militantes dispostos a cruzar os braços a qualquer momento. Com funcionários assim truculentos e uma administração quase sempre incompetente, ausente ou desinteressada (e, às vezes, tudo isso ao mesmo tempo), é um milagre que a empresa tenha sobrevivido até o século 21.

Embora sua fábrica só tenha sido inaugurada em 1964, Lamborghini já havia apresentado seu primeiro carro no ano anterior no Salão do Automóvel de Bolonha. Apesar de não ter sido muito bem-aceito, um novo modelo foi lançado, e as coisas começaram a dar certo. E, se tudo parecia ir bem naqueles anos iniciais, quando o Miura estreou no mercado, o progresso foi estrondoso e a fábrica operou a plena capacidade até 1972, quando o mundo passou por uma grande recessão.

Acima e à esquerda: Uma vista da fábrica de Sant'Agata em 1964... e 41 anos depois.

LAMBORGHINI

A equipe Lamborghini

Giotto Bizzarrini

Embora muitos entusiastas de automóveis nunca tenham ouvido falar dele, a importância de Giotto Bizzarrini não pode ser subestimada no círculo dos grandes carros. Ele pilotou carros, assim como os desenvolveu e construiu, tendo lidado com modelos tão diversos quanto a Ferrari 250 Testarossa, o Rivolta da Iso e o Grifo, além do protótipo AMX/3 da American Motors. No entanto, é como projetista do lendário motor V12 da Lamborghini que ele se insere nessa equipe; uma usina de força que sobrevive até hoje, por mais de quatro décadas.

Bizzarrini nasceu em 6 de junho de 1926, em Quercianella, Itália, em uma família rica que, durante várias gerações, teve membros engenheiros, uma tradição que continuaria quando Giotto começou a estudar engenharia na Universidade de Pisa, depois da Segunda Guerra Mundial. Formou-se em 1953, e foi trabalhar na Alfa Romeo. Estava ansioso por trabalhar com novos motores, mas foi designado para projetar chassis, um passo que o levaria a se tornar piloto de testes da fábrica.

Em 1957, ele recebeu um telefonema de um primo que conhecia o engenheiro-chefe da Ferrari. Um piloto de testes havia morrido e era necessário encontrar um substituto – que precisava ter experiência em engenharia. Bizzarrini agarrou a oportunidade e logo passou a ter liberdade irrestrita para fazer quaisquer modificações no carro de Fórmula 1 da companhia. Em 1960, já era chefe de três departamentos da Ferrari: experimental, esportivo e de desenvolvimento. Após a derrota em Le Mans, em 1961, Enzo o encarregou da construção de um novo carro para fazer frente ao Jaguar E-Type. Escolhendo a dedo três engenheiros de fora do círculo costumeiro para auxiliá-lo, Bizzarrini fez amplas modificações no 250SWB e, em setembro, o carro estava pronto para ser testado em Monza, e foi um sucesso. Pouco antes, porém, de Bizzarrini dar os toques finais no que viria a ser o 250GTO, foi demitido por Enzo Ferrari por ter apoiado um colega que acabara de ser demitido da empresa.

Bizzarrini fundou então a Automobili Turismo & Sport – ATS –, em 1961, com Carlo Chiti e vários apoiadores. Com um GT de motor central, o objetivo da ATS era superar a Ferrari nas ruas e nas pistas. Mas, para equipar seu novo supercarro, Chiti queria um V8 e Bizzarrini um V12, e não demorou muito para que tudo fosse por água abaixo.

A próxima parada foi uma breve experiência na Autocostruzioni Società per Azioni – ASA – antes de ser apresentado a Ferruccio Lamborghini, que pediu a ele que criasse um V12 de 350 cv. Mais uma vez, houve um grande desentendimento e a escala seguinte na trajetória de Bizzarrini foi a Iso, graças a seu contato com Renzo Rivolta, o industrial sediado em Milão. Bizzarrini queria trabalhar com carros de corrida, mas Rivolta só estava interessado em produção, o que resultou em um grande contrato com americanos para seu Rivolta GT. Quando o contrato de Bizzarrini com Rivolta terminou, ele recebeu um chassi com rodas e foi construir seu próprio carro de corrida.

Então, Bizzarrini começou a trabalhar no Grifo A3/C (C de *corsa*, significando "corrida"), em sua própria fábrica, a Autostar, em Livorno, com o chefe de projetos de Bertone, Giorgetto Giugiaro, contribuindo para o desenho da carroceria. O leve Grifo A3 ficou pronto bem a tempo de estrear no Salão de Turim, em 1963, mas não houve tempo para pintá-lo, e a máquina foi exibida com a carroceria de alumínio sem pintura. Mesmo assim, deixou a imprensa automobilística impressionada, e o modelo de linha A3/L foi uma grande atração no estande de Bertone.

Bizzarrini tornara-se um renomado construtor de carros. No começo de 1964, mudou o nome da empresa de Autostar para Prototipi Bizzarrini. O negócio seguiu em ritmo lento até que, em 2002, ele vendeu os direitos de uso do seu nome à empresa de Giorgio Viti, a VGM Motors. Viti então apresentou um supercarro no estilo dos clássicos Bizzarrinis, com motor de 500 cv, ao preço de 340.000 libras. Chamado Bizzarrini GTS 4.4 V, o protótipo foi exibido no Salão de Genebra de 2005 – e desapareceu em seguida.

À direita: Semelhante em conceito ao Gordon-Keeble, o Iso Rivolta não tinha linhas tão harmônicas.

Abaixo: Em primeiro plano, o GT Strada da Bizzarrini; atrás, o fracassado GTS 4.4V de 2005.

AS ORIGENS DA LAMBORGHINI

O piloto de provas: Valentino Balboni

Além do magnífico motor V12, há algo mais em comum entre todos os modelos de que este livro trata; eles foram desenvolvidos com a ajuda do piloto de testes exclusivo da Lamborghini, Valentino Balboni. Admitido na companhia em 1968 como aprendiz de mecânico, Balboni foi progredindo na empresa até se tornar o principal piloto de testes. Mais de 40 anos após mudar-se para Sant'Agata, ele ainda dirige pesadamente os carros da Lamborghini para assegurar que façam jus à reputação da companhia.

Gianpaolo Dallara

Nascido em 1939, Gianpaolo Dallara se formou engenheiro aeronáutico pelo Instituto Técnico de Milão e tornou-se engenheiro-chefe da Lamborghini em março de 1962. Apesar da pouca idade, quando entrou para a empresa, Dallara já havia trabalhado na Ferrari, graças à ajuda de um de seus professores da universidade, que trabalhava lá em período parcial. Além disso, trabalhou na Maserati com seu primo Giulio Alfieri, que viria a ser engenheiro-chefe da Lamborghini.

Para a empresa, valeu a pena ter Dallara como funcionário em sua folha de pagamento, pois a família dele tinha construído uma pista de corridas só para ele, que, às vezes, era usada para testar os carros da companhia. Dallara foi fundamental para o desenvolvimento do Miura, mas havia entrado para a Lamborghini com a intenção de convencer seu dono a se dedicar a um motor esportivo. Em 1968, quando ficara claro que isso não aconteceria, ele saiu e foi para a De Tomaso, também com a esperança de poder se dedicar a um motor esportivo.

Quando, mais uma vez, isso não aconteceu, ele montou uma empresa própria de fabricação de carros de corrida, sediada na casa de seus pais, no campo, nas redondezas de Parma. Mas era óbvio que Dallara era um homem de grande talento, e a Lamborghini o manteve como consultor até o final dos anos 1970.

Paolo Stanzani

Nascido em 1938, em Bolonha, Paolo Stanzani entrou na Lamborghini como gerente-geral, em 1962. Deixara a Maserati para assumir o cargo em Sant'Agata, onde permaneceu até a saída de Gianpaolo Dallara, em 1968. Foi quando se tornou o novo engenheiro-chefe da Lamborghini e, por isso, responsável pela continuação do desenvolvimento do Miura e pelo projeto de seu substituto, o Countach.

Stanzani permaneceu na Lamborghini até 1975, quando parecia que a empresa estava perdendo o fôlego. Não só havia a crise do petróleo, mas o próprio Ferruccio estava há muito tempo em dificuldades financeiras e tornava-se cada vez mais difícil encontrar compradores para os carros, além de convencer os trabalhadores a aceitar o diálogo; essa foi a era dos problemas épicos das relações industriais.

Acima: Da esquerda para a direita: Bob Wallace, Paolo Stanzani, Ferruccio Lamborghini e Gianpaolo Dallara, com um dos primeiros Miura.

À esquerda: Bob Wallace ao volante do Miura Jota.

Bob Wallace

O neozelandês Bob Wallace tinha apenas 25 anos quando foi recrutado para piloto de provas e programador na Lamborghini, em 1964. Foi admitido por sua experiência com carros de corrida Ferrari e Maserati durante meados dos anos 1960, e suas habilidades se mostrariam inestimáveis em Sant'Agata. De fala mansa e facilmente reconhecível por seus cabelos curtos e macacões de marca, Wallace era o homem responsável por garantir que o Miura fosse tão bom de dirigir quanto a Lamborghini era capaz de fazê-lo – uma façanha, considerando-se a tecnologia da época. Também teve um papel importante no desenvolvimento do Countach, mas, pouco depois do lançamento desse carro, ele saiu da empresa, já sem condições de trabalhar com a quase total falta de gerenciamento da companhia. Wallace mudou-se para Phoenix, Arizona, onde montou uma oficina para manter vivos os puros-sangues italianos – e continuou lá até falecer, em 2013.

LAMBORGHINI

Marcello Gandini

Quando se trata de projetar supercarros, não deve haver ninguém mais prolífico que Marcello Gandini, que está relacionado de forma absoluta ao carro mais incomum e veloz que já rodou. Mas as coisas poderiam ter sido muito diferentes. Gandini, nascido em 1938, pretendia ser pianista, mas iniciou sua vida profissional projetando carros de arrancada e subida de montanha para empresas como Abarth e Marazzi. O destino fez com que fosse descoberto por Nuccio Bertone, que ofereceu-lhe um emprego em seu estúdio de estilo, onde começou a trabalhar em 1965 como sucessor de Giorgetto Giugiaro.

À direita: O Roadster baseado no Porsche 911.

Abaixo: O Maserati Khamsin.

O primeiro projeto de Gandini foi um Osca 1000 Competizione remodelado. Ao se unir a Bertone, teve de continuar o trabalho do Miura iniciado por Giugiaro, ao mesmo tempo em que criava o Roadster baseado no Porsche 911. Gandini ficou na Bertone durante 14 anos, criando ícones como o Countach, Urraco, Silhouette, Espada e Diablo para a Lamborghini, além do Stratos para a Lancia e o Khamsin para a Maserati.

Em 1979, ele saiu da Bertone e passou a trabalhar como autônomo – tendo a Renault lhe oferecido um contrato de cinco anos para ajudá-lo. Foi um trabalhador dedicado como sempre, desenhando carros como o Citroën BX e o Renault Superfive – assim como o estrondoso fracasso que foi o Cizeta V16T. Infelizmente para Gandini, este não foi o mais irrelevante dos supercarros em cuja criação ele esteve envolvido na época; o Bugatti EB110, bem como o Chubasco e o Shamal da Maserati eram obras dele, e, ao contrário do Miura e Countach, não passaram pela história como grandes sucessos.

À direita: O Bugatti EB110.

AS ORIGENS DA LAMBORGHINI

O motor: *aquele* V12

No início dos anos 1960, enquanto a fábrica de Ferruccio Lamborghini ainda era construída, ele disse a Giotto Bizzarrini para apresentar um motor V12 que pudesse ser utilizado em uma variedade de modelos gran turismo e supercarros.

Bizzarrini tinha como tarefa criar um motor que incorporasse quatro comandos de válvula no cabeçote, lubrificação por cárter seco e seis carburadores. A proposta de pagamento era de 4,5 milhões de liras (2.500 libras na época) – metade adiantada e o saldo na entrega de um motor capaz de gerar 350 cv. Menos potência significaria menos dinheiro, mas, se o motor fosse ainda mais potente, Bizzarrini poderia receber um bônus. Embora o que realmente desejasse fosse projetar um motor de corrida fora de série, Bizzarrini lançou-se ao projeto daquele motor de carro de rua com grande entusiasmo, e, em julho de 1963, um protótipo estava pronto e funcionando. No início, a opção foi por um motor de 3,5 litros; para Bizzarrini, 100 cv por litro estava dentro do que ele poderia obter. Naquela época, os melhores esportivos de corrida geravam essas potências específicas; por exemplo, a unidade de 3 litros que equipava a Ferrari 250P 1963 chegava a 300 cv.

É interessante que o V12 tenha sido, no início, projetado para girar em sentido horário, mas isso causou grandes problemas de ressonância – algo grave o suficiente para causar o estilhaçamento das engrenagens intermediárias. A única solução foi reprojetar o motor para girar em sentido anti-horário, a fim de eliminar as engrenagens em questão.

A primeira versão do V12 era alta devido aos seus carburadores verticais de corrida Weber, mas ele conseguia desenvolver violentos 385 cv com seus 3.465 cm³ – mesmo que a uma rotação um tanto alta, 9.800 rpm. Os primeiros testes desse novo motor foram feitos em 15 de maio de 1963, e, embora Bizzarrini tivesse previsto um motor que pudesse gerar mais potência do que lhe fora solicitado, ele acabaria construindo um motor mais de corrida que de automóvel de rua. Ainda que o torque máximo de 33,18 mkgf só fosse atingido a inaceitáveis 6.000 rpm, Bizzarrini avaliava que era possível obter

Acima: O magnífico V12, no Salão de Bruxelas de 1963.

À esquerda: A linha de montagem de Sant'Agata trabalha a todo vapor, produzindo os motores V12 no limite de sua capacidade.

17

LAMBORGHINI

sensacionais 400 cv do motor – embora para isso tivesse de ser acelerado a 11.000 rpm.

Devido à natureza muito exagerada do motor que Bizzarrini apresentou, Ferruccio Lamborghini recusou-se a pagar o saldo devido. A questão foi parar nos tribunais e a história toda terminou com Bizzarrini saindo da empresa, o que não causou nenhuma surpresa. O motor continuou sendo desenvolvido, apesar de tudo, e no padrão de configuração de rua (como a desenhada para o 350 GT) desenvolvia 270 cv, com seis carburadores Weber DCOE de corpo duplo e horizontais em lugar dos carburadores verticais usados nas versões de competição. O desenvolvimento continuou acelerado e, em 1966, surgiu a versão definitiva de 3.929 cm³ do V12. Bizzarrini havia optado por um espaçamento de 95 mm entre os centros dos cilindros para que houvesse distância suficiente para a expansão da cilindrada do motor – o que viria, anos depois, a se revelar uma decisão muito sensata.

Instalado inicialmente no 400GT, o V12 de 3.929 cm³ era capaz de gerar 320 cv – mas a fase seguinte é que revelaria a grande mudança: a chegada do Miura, cujo chassi com rodas havia sido mostrado no Salão de Genebra de 1965. Equipado com quatro carburadores Weber 40 IDL 3C1, gerava convenientes 350 cv, mas o motor era de giro um tanto alto, e, por ser muito tunado, acabaria exigindo manutenção constante para se manter funcionando adequadamente. Em consequência, o engenheiro-chefe Gianpaolo Dallara foi encarregado de torná-lo mais adequado ao uso na rua, diminuindo a tunagem.

Para começar, Dallara eliminou a lubrificação de cárter seco, que era pesada, custosa e barulhenta. Vários outros tipos de acertos foram feitos, como no comando de válvulas, nas dimensões dos dutos e especificações dos tuchos, resultando em um motor capaz de gerar 270 cv a 6.500 rpm, com 33,18 mkgf de torque a 4.000 rpm. Mas o custo de produção do motor era muito alto devido à grande quantidade de máquinas para dar conta dela. Eram necessárias nada menos que 23 horas de trabalho para fazer o bloco e 30 horas para o virabrequim. De qualquer forma, isso era café pequeno em comparação às 144 horas necessárias para preparar cada cabeçote – e ainda assim, a aprovação de cada V12 demandava 20 horas de testes de bancada.

No alto: A produção do primeiro V12 na versão 3,5-litros.

Acima: O V12 foi aumentado para 5.167 cm³ no Countach QV.

À direita: Atrás, um Miura aguarda a instalação de seu motor 12 cilindros.

Antes do Miura

Ferruccio Lamborghini contratou Franco Scaglione para projetar seu primeiro carro, e os resultados foram indigestos, para dizer o mínimo. É provável que nenhum desses grandes projetistas pudesse dar cabo do trabalho por causa dos prazos exíguos, mas ao menos a construção do chassi saiu de acordo com os planos. Ela foi feita pela Neri e Bonacino, de Modena, e incorporava todas as características esperadas de um carro contemporâneo de alto desempenho, como câmbio manual ZF de cinco marchas, diferencial Salisbury, rodas raiadas, freios a disco nas quatro rodas e pneus Pirelli HS. Contudo, esse protótipo inicial foi malfeito (pela Carrocerias Sargiotto, de Turim) e, como não proporcionou à companhia uma grande estreia, foi rapidamente tirado de cena.

Para o próximo carro, a Lamborghini pediu à respeitada fabricante de ônibus Touring que apresentasse um desenho de linhas mais elegantes, baseado em grande parte no 350GTV, mas despojado das características mais desajeitadas desse modelo. Em consequência, o 350GT tinha uma distância entre eixos mais longa, capota mais alta e um motor V12 mais macio, que deslocava 3.464 cm³, gerando 270 cv com seis carburadores Weber 40 DCOE. Eliminou-se também a lubrificação por cárter seco para reduzir os custos de produção, e, quando o novo modelo foi apresentado no Salão de Genebra de 1964, as opiniões foram muito mais favoráveis do que a respeito do 350GTV. Durante os três anos seguintes, foram fabricadas 120 unidades do 350GT e mais 23 em 1965-66 com o motor maior (3.929 cm³).

Em 1967, o 350GT saiu de linha, quando então foi apresentado o 400GT 2+2. Apesar de ser parecido com o 350GT, possuía um par de bancos especiais, capota mais alta, um porta-malas maior e várias mudanças no painel. Na verdade, todo o painel do 350GT tinha sido modificado. Entre 1966 e 1968, foram produzidas 247 unidades do 400GT; ele foi depois substituído pelo esquecido Islero. Não surpreende que o Islero tenha sido ignorado – quando o modelo estreou, a Lamborghini havia transformado para sempre o mundo dos supercarros ao introduzir seu Miura.

À esquerda e abaixo: O 350GT (à esquerda) se parece muito com o 400GT (abaixo). Os faróis e a capota, contudo, são diferentes.

MIURA
1966–1972

1966–1972 Virando o jogo

No Salão de Turim de 1965, houve uma exibição realmente inovadora – algo que revolucionou as regras. Carros esportivos, supercarros e GTs eram comuns nesses eventos internacionais, mas todos tinham quase o mesmo desenho mecânico. O que faltava era uma concepção inteiramente nova, e foi isso que Ferruccio Lamborghini e sua equipe apresentaram.

Foi Gianpaolo Dallara quem levou adiante a ideia de construir um supercarro de passeio que utilizasse o bem-sucedido desenho monobloco de motor central do GT40. Ele considerou que, ao colocar o motor no centro, a distribuição do peso do carro – e assim o seu equilíbrio – podia ser melhorada. Contudo, o motor teria de ser montado de forma transversal, de maneira que o comprimento do carro pudesse manter-se o mínimo, deixando ainda espaço suficiente para dois ocupantes. A ideia era utilizar todos os componentes possíveis do 350GT, mas com um desenho novo.

Um chassi "pelado"

Em novembro de 1965, Lamborghini estava pronto para revelar seus planos, e o fez no Salão de Turim daquele ano – o mundo dos supercarros nunca mais seria o mesmo. Embora a carroceria ainda não tivesse sido desenhada, Lamborghini havia feito grandes progressos. Ainda que um chassi com carroceria só viesse a surgir no Salão de Genebra do ano seguinte, o Miura "pelado" havia conquistado o que Lamborghini esperara: muita publicidade para a companhia. Ao exibir um chassi sem carroceria, a plataforma radical do Miura podia ser vista por todos – embora alguns encarassem com ceticismo a possibilidade de o projeto vir a ser um sucesso na prática.

À direita: O Miura surge sem carroceria no Salão de Turim de 1965.

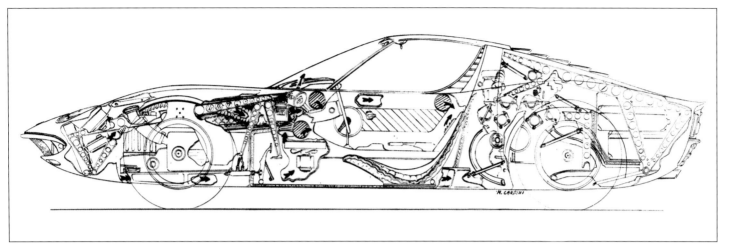

À esquerda: Assinado por Marcello Gandini, este desenho em corte mostra a disposição compacta do Miura, com baixo centro de gravidade.

O novo supercarro, um fenômeno

Costuma-se dizer que o Miura foi o primeiro carro de motor central do mundo, mas isso não é verdade. O Ford GT40 já tinha motor central no começo de 1964, embora a produção só tivesse se iniciado no ano seguinte. Foram produzidas algumas versões de rua do supercarro com motor central da Ford, mas mesmo o GT40 teve como antecessor o Djet 1962, projetado por René Bonnet. Mas o que se pode afirmar é que o Miura foi o primeiro supercarro de motor central do mundo a entrar em linha de produção e a apresentar um padrão refinado, que se tornaria para sempre o traçado básico para os supercarros de todo o mundo.

Quando o carro foi revelado no formato de produção no Salão de Genebra de 1966, tinha em essência o mesmo motor V12 do 400GT, o que significa uma potência de 350 cv – mas esse carro não era ainda o máximo em potência, nem o mais rápido de uma série. Ele significava muito mais, pois estabelecia um novo padrão de dinâmica dos supercarros,

Abaixo: Três visões do primeiro carro de passeio de motor central, o Djet 1962, projetado por René Bonnet. Ele evoluiria mais tarde para o Matra Jet.

graças ao seu conjunto mecânico inteiramente novo.

Quando o Miura foi lançado, a maior velocidade alcançada foi 260 km/h. A fábrica falou em 288 km/h, mas, embora o Miura tivesse estilo, sua potência deixava a desejar. Sendo assim, o primeiro supercarro de motor central da Lamborghini não virou o jogo por inteiro, mas estabeleceu novos padrões de direção, graças à localização do motor. Além disso, a proporção de peso do Miura era 42:58 da dianteira à traseira, ficando longe da ideal, 50:50. Mesmo com velocidade máxima de "apenas" 260 km/h, atingi-la chegava a ser uma experiência assustadora!

Quem desenhou o Miura?

Poderia ter sido a Touring a desenhar a carroceria do Miura se a empresa milanesa não tivesse falido quando o carro estava sendo desenvolvido. Nesse caso, o primeiro carro de motor central da Lamborghini teria uma aparência muito diferente. A Touring tinha construído o 350GT para Lamborghini e, quando o chassi do P400 foi mostrado no Salão de Turim de 1965, a empresa já estava trabalhando em um desenho para sua carroceria. A Touring chegou a fazer modelos em escala que combinavam elementos do Miura, Ferrari 246GT e até algo do Porsche 904 na frente.

À esquerda: O GT40 da Ford antecedeu o Miura, mas poucas versões de passeio foram produzidas.

Abaixo: Estas concepções iniciais são dos arquivos de Bertone; a colorida é assinada por Gandini, mas a outra é de autoria desconhecida.

No entanto, com a falência da Touring, uma nova agência de projetos teria de ser encontrada – e as instruções foram dadas a Bertone.

Na verdade, era muito mais provável que Bertone viesse a produzir o desenho final. Nuccio Bertone tinha o homem certo para desenhar a nova cria da Lamborghini: Marcelo Gandini, de 25 anos. Não houvesse Giorgetto Giugiaro acabado de pedir demissão para ingressar na Ghia, o projeto da carroceria do Miura teria sido confiado a ele, que, com certeza, lhe daria uma aparência muito diferente. No entanto, foram Gandini e sua equipe os instruídos a criar o novo desenho, no qual trabalharam durante o verão de 1965-66. Três versões diferentes foram produzidas e submetidas a Lamborghini.

Assim que Bertone foi encarregado de apresentar um novo desenho, a tarefa foi confiada a Gandini. Não é segredo que ele se inspirou no GT40 de competição, que foi um sucesso, mas somente quando se analisa a silhueta do Miura é que se nota a pureza de suas linhas básicas. Não há dobras ou cavidades supérfluas, embora haja uma surpreendente quantidade de detalhes estranhos, como os controvertidos cílios ao redor dos faróis. Aquelas aletas sobre o capô e as outras na frente das entradas de ar do compartimento do motor – atrás de cada porta – são também um tanto extravagantes. As localizadas na traseira de cada porta, pelo menos, escondem as maçanetas, algo que só surgiria décadas depois nos carros de série.

Quando a fábrica definiu o desenho que queria, o trabalho progrediu rapidamente para o estágio de modelo de madeira. Um passo fundamental incorporado ao desenho final, a fim de tornar o carro mais estável, além de liberar mais espaço, consistiu em aumentar a distância entre-eixos de 2,46 m para 2,50 m. Uma característica muito prática era que as duas tampas, dianteira e traseira, se elevavam, aumentando a acessibilidade. E não só podiam ser removidas como, em caso de um grande acidente, ser substituídas inteiras.

Com o motor instalado na transversal, foi possível ainda criar um compartimento de bagagem atrás dele – não que fosse grande o suficiente para caber muita coisa.

Mesmo sendo elogiado no mundo inteiro por sua aparência sensacional, suas linhas foram desenhadas puramente por razões estéticas – o Miura nunca foi testado em um túnel de vento durante seu desenvolvimento. Apesar disso, o carro era muito bom a altas velocidades, embora sua dianteira pudesse se tornar muito leve. Uma solução eficaz foi projetada, com a incorporação dos dutos de ar através do compartimento dianteiro.

Aquelas cores

Mas não apenas o desenho do Miura era revolucionário; havia vários tipos de cores psicodélicas que os rivais da Lamborghini nunca haveriam de oferecer. Tente encomendar uma Ferrari ou um Maserati na cor verde Miura (verde-limão) ou Arancia (laranja) e você será convidado a sair da loja – mas foram esses tons que ajudaram o Miura a se tornar um ícone na história dos supercarros. Essas cores também realçavam suas linhas de maneira marcante; compare um Miura preto a outro na cor verde Miura, ou Giallo Fly (amarelo), e você entenderá por que um comprador jamais aceitaria um arranjo de cores assim, sem graça. Afinal, quem quer que dirija um Miura dificilmente será considerado tímido.

À esquerda: Observe com atenção e você notará que esta não é a carroceria de um Miura; é um modelo de madeira.

O que significa um nome?

Por tradição, a maioria dos carros da Lamborghini era ligada a touros ou touradas, e o Miura não é exceção, já que seu nome foi inspirado na mais selvagem e temida raça de touros lutadores da Espanha. A segunda parte da denominação do Miura é P400, que vem do 400GT. O número 400 está relacionado à cilindrada de 4 litros – algo que não mudaria por toda a vida do carro. A letra P indica a localização do motor: *posteriore*, ou "traseira". Às vezes, o carro é chamado de TP400, de *transversale posteriore 400* – uma referência à posição de instalação do motor.

À esquerda: Nuccio Bertone com, talvez, o mais belo carro a sair do estúdio de sua empresa.

LAMBORGHINI

O Miura sai da toca

Quando o Miura foi apresentado na versão comercial no Salão de Genebra de 1966, o impacto que ele causou foi profundo. Lamborghini e Bertone haviam calculado construir no máximo 20 carros no primeiro ano, mas, após um ano de comercialização, a impressionante quantia de 108 unidades havia sido entregue. Os pedidos começaram a ser feitos assim que o carro foi apresentado na Suíça e, se a capacidade de produção fosse maior, as vendas também teriam sido muito maiores. Essa situação perdurou enquanto o Miura se manteve em produção – então, foi uma pena que tamanha sorte não acompanhasse Lamborghini durante os anos 1970, marcados por uma sucessão de crises.

Depois de exibido no Salão de Genebra, o carro foi levado ao Grande Prêmio de Mônaco, onde superou tudo o que havia de tradicional e excêntrico. Ferruccio Lamborghini percebera que em fins de semana de corridas em Monte Carlo haveria inúmeros compradores potenciais abastados – e ele estava certo.

Embora não faltassem excentricidades estacionadas na Place du Casino, as pessoas só pareciam interessadas no Miura – o carro era a sensação. Bob Wallace havia dirigido o Miura até o Salão de Mônaco e até ele ficou impressionado com toda a comoção que o modelo causou. Quando o carro foi descoberto, havia uma fila de cinco pessoas; assim que o motor foi acionado, o número de pessoas dobrou, todos tentando vê-lo melhor.

Considerando que o período de gestação do Miura não começou para valer antes de meados de 1965, é surpreendente pensar que os primeiros carros já estavam sendo entregues aos seus compradores no final do ano seguinte. No entanto, esses primeiros carros apresentaram algumas falhas de desenvolvimento; alguns problemas nunca foram eliminados durante a vida do Miura.

Acima e à direita: O Miura estreia no Salão de Genebra de 1966. Na foto acima, Ferruccio Lamborghini observa enquanto o carro é admirado; na imagem à direita, visitantes admiram o carro à distância.

Desenvolvendo o Miura para o mercado

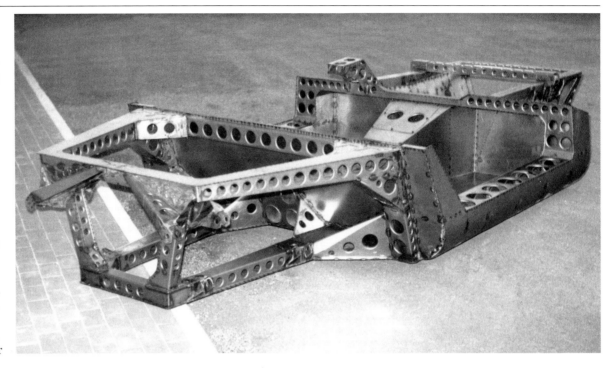

Menos de três semanas antes do Salão de Genebra de 1966 se encerrar, Bob Wallace testava o Miura em estradas entre Sant'Agata e Florença. Os principais objetivos desse teste eram assegurar refrigeração suficiente para o motor e a cabine e adequar a suspensão para um equilíbrio ideal entre o conforto de rodagem e a estabilidade.

Desde o início, ficou claro que o vidro traseiro de acrílico proporcionava uma excelente visibilidade – mas não permitia a saída adequada de ar quente do compartimento do motor. No começo, havia fendas abertas no painel, mas isso ainda era insuficiente para manter baixa a temperatura do compartimento do motor – e elas também deixavam entrar água em caso de chuva muito forte. Embora tenha levado algum tempo para que surgisse uma solução, a ideia de usar aletas no lugar de uma janela surgiu de repente. Isso não só permitia a saída do ar quente como também preservava a visibilidade traseira – além de proporcionar

Acima, à esquerda e à extrema esquerda: O chassi do Miura era leve graças a todos aqueles furos na estrutura de aço. No entanto, sua rigidez era insuficiente e, por isso, aumentou-se a espessura do metal.

um elemento de estilo no qual ninguém havia pensado antes.

Não havia só o problema de o ar quente não conseguir escapar do compartimento do motor – tampouco havia entrada de ar frio suficiente nele. Outro contratempo era que a altas velocidades as aberturas na parte posterior das janelas laterais, bem como as incorporadas à traseira das molduras das janelas, estavam sendo contornadas. A solução parecia muito simples: tornar essas aberturas mais proeminentes, de forma que o ar fosse dirigido para cima com maior eficiência à medida que a velocidade na estrada aumentasse.

À direita: Uma série de Miuras à espera da instalação de seus motores, vistos aqui à esquerda na foto. Os que estão à direita são os modelos de motor dianteiro, como o 400GT.

A área sob o capô não era a única a sofrer com o excesso de ar quente; a cabine também aquecia mesmo quando a temperatura ambiente não estava muito alta. Durante o verão italiano, então, seria insuportável, e, por essa razão, várias soluções foram tentadas para isolar a cabine do compartimento do motor. Ele causava a maior parte do aquecimento da cabine, embora o enorme para-brisa envolvente também contribuísse em boa medida para a elevação da temperatura interna. No início, havia apenas uma lâmina de vidro entre a cabine e o compartimento do motor, logo modificada para duas lâminas plásticas com um gás entre elas. Isso melhorou as coisas, mas os carros produzidos em série utilizavam um sistema chamado VisRam, composto de duas lâminas de acrílico sobrepostas. Isso não apenas reduziu ainda mais a entrada de calor como também ajudou a diminuir os níveis de ruído na cabine. Mas ainda não era suficiente, então, experimentou-se uma pequena escotilha na borda traseira do teto, que foi logo descartada em troca de uma série de aberturas de extração no mesmo lugar.

O protótipo do Miura foi equipado com transeixo ZF de deslizamento limitado, de modo que o carro pudesse empregar sua potência com a maior eficiência possível. O problema estava no motor e na caixa de transmissão, que compartilhavam o mesmo óleo, logo, isso acabaria destruindo a transmissão. A solução foi descartar a tecnologia de deslizamento limitado, embora ela viesse a ser utilizada no Jota, que surgiu em 1970; esse carro tinha um cárter para o motor e outro para a transmissão.

Mesmo sem mudanças significativas nas linhas do carro, várias modificações foram feitas na suspensão a fim de garantir uma estabilidade máxima. Isso foi incorporado também para reduzir o grau de sobre-esterço e, enquanto a geometria sofria várias modificações, a simples providência de aumentar a largura dos pneus talvez tivesse feito mais diferença do qualquer outra coisa. Isso, no entanto, só ocorreu algum tempo depois, durante a existência do Miura S.

O grande problema inicialmente era a parte dianteira tornar-se leve a altas velocidades. O tanque de combustível ficava na dianteira, e, quando estava cheio, o problema não ocorria. Mas, à medida que o tanque ia se esvaziando, a frente ficava mais leve, e sua elevação começava a se tornar um problema de fato. Uma solução parcial consistia na introdução de um pequeno defletor dianteiro, que, embora não resolvesse o problema por completo, adiantou bastante, combinado a pneus mais largos e baixos.

Essas mudanças ocorreram durante a fase dos quatro primeiros protótipos; o último tornou-se o primeiro carro de linha. Foi esse exemplo que reuniu todas as modificações e representou o que os clientes iriam comprar. Isso significava um teto 10 mm mais alto e bancos 10 mm mais baixos, aumentando assim o espaço entre a cabeça e o teto. Enquanto essas modificações na carroceria iam sendo feitas, as colunas também foram reforçadas, e um sistema de escapamento modificado foi instalado a fim de liberar mais espaço no porta-malas.

O 400GT Monza

Você ficaria muito feliz em encontrar um Fiat fora de série esquecido em algum galpão. Mas pense na emoção que sentiria se descobrisse um Lancia de carroceria especial intocado há décadas. Então, tente imaginar como se sentiria se achasse um Lamborghini exclusivo que tivesse sido visto pela última vez 40 anos atrás – você não conseguiria se segurar. Essa é a situação que Simon Kidston, dono da casa de leilões Bonhams, viveu em meados dos anos 1990. Na época em que estava descobrindo o Miura SVJ do xá da Pérsia, ele também procurava um Lamborghini de carroceria especial presumidamente perdido. Chamado 400GT Monza, este fora de série era baseado no Lamborghini 400GT e, até então, ficara escondido, à espera de ser descoberto.

O Monza foi apresentado no Salão de Barcelona de 1967; a única vez em que o carro foi exposto ao público. Foi arrebatado por um rico entusiasta, que desejava um Miura, mas não estava disposto a enfrentar a fila de espera de quatro meses. Embora morasse na Espanha, esse esportista desconhecido tinha as conexões certas para contornar as estritas normas de importação que teriam impedido qualquer pessoa "comum" de importar um carro assim. As coisas foram facilitadas na época porque a Espanha era o único país europeu onde um protótipo podia ser registrado como um carro novo; e mesmo há 40 anos, havia muita burocracia quando se tratava de pôr um carro novo nas ruas. O novo proprietário levou o carro para a Espanha, rebatizando-o como Jarama, em homenagem ao circuito no qual o Miura fora lançado; por coincidência, Lamborghini usaria esse nome poucos anos depois. O dono do Monza rodou então apenas 7.136 km antes de emparedá-lo atrás de uma loja, em 1970, onde permaneceu até o final de 2005.

A história do 400GT Monza começou com Giorgio Neri e Luciano Bonacini, que tinham uma renomada oficina em Modena, onde faziam a manutenção de carros de corrida para Ferrari e Maserati. Esta era também a empresa por trás da Nembo Ferraris, o nome Nembo sendo uma combinação entre Neri e Bonacini. A firma foi usada por Ferruccio Lamborghini para construir seu primeiro protótipo de chassi e motor Lamborghini.

No alto: O motor é de um 400GT – mas o chassi talvez não seja.

Acima: O interior está exatamente como quando saiu da fábrica, e o carro tem pouco mais de 7.000 km acumulados.

Abaixo: Esta era a aparência do 400GT Monza após 35 anos de hibernação.

LAMBORGHINI

Acima e abaixo: Este fora de série 400GT remodelado foi construído por Neri e Bonacini, que também fizeram o primeiro protótipo de chassi da Lamborghini.

Ela também construiu o 350GTV de 1963 e permaneceu como fornecedor de chassis da Lamborghini até a produção do 350GT iniciar-se. O 350GT foi aclamado pela crítica, mas as coisas ficaram ainda melhores quando os primeiros 400GT foram testados, lá pelo final de 1964. O carro mais novo era ainda mais considerado e vários fabricantes de carrocerias entraram em projetos para remodelá-lo, o mais conhecido deles chamado Flying Star II da Carrozzeria Touring. Mas houve um carro remodelado baseado no 400GT que era muito mais exótico, o Monza Neri e Bonacini. Embora o Monza tenha sido apresentado ao público em maio de 1967, parecia que já estava pronto há um ano. O número de seu chassi é 1030, mas, como a numeração não era sempre sequencial, é difícil atribuir-lhe a data exata de fabricação. Fotografias datadas indicam que ele foi completado em maio ou junho de 1966, e em agosto desse ano o carro já recebia cobertura das revistas de automóveis da época. Existem até rumores de que o carro se baseia em um 350GT, com o número do chassi recebido de um 400GT que teve perda total, para fazê-lo parecer mais novo – e, portanto, mais vendável.

Por qualquer ângulo que seja olhado, o Monza parece familiar. À medida que é observado, percebe-se de qual carro é derivado – há fortes traços do Miura nele, bem como do Iso Grifo e do Bizzarrini 5300GT Strada, com um pouco do 250GTO. Seja como for que se olhe para ele, no entanto, o Monza é belo, apresentando ao mesmo tempo uma elegância suave e intimidante. Considerando sua aparência alinhada, é surpreendente que não tenha sido desenhado assim – pelo menos não de uma forma convencional, bidimensional. Ao contrário, suas formas foram desenvolvidas de improviso; Neri e Bonacini criaram uma espécie de gabarito utilizando arames rígidos, sobre o qual se formou uma película de liga metálica. Tendo criado um ponto de partida, bastava ir alterando as proporções até tudo parecer adequado – não houve nenhum desenho formal em qualquer dos estágios.

O único dono do Monza morreu no início dos anos 1990, e como sua família não sabia que o carro era uma raridade, não se esforçou em fazer nada com ele. Alguns anos após a morte do proprietário, Simon Kidston localizou o carro, mas levou uma década para convencer a família a vender o Lamborghini. O carro foi leiloado em 5 de dezembro de 2005, e é interessante observar a frequência com que mudou de mãos dali em diante, considerando-se que só teve um dono durante os primeiros 39 anos de sua existência.

O primeiro Miura de série: o P400

O desenvolvimento do Miura progrediu rápido entre sua apresentação mundial no Salão de Genebra de 1966 e sua exibição em Paris, em outubro do mesmo ano. Um mês depois, ele seria mostrado também no Salão de Turim, e a imprensa lhe deu uma imensa cobertura. Com isso, as encomendas jorraram, embora a produção só tenha ocorrido no começo de 1967.

No primeiro ano, foram produzidos 108 carros, a maioria destinada ao mercado interno. No entanto, as exportações logo começaram, com o quinto carro destinado aos Estados Unidos e o 26º, para a Inglaterra. As vendas ganharam impulso, e o ano de maior sucesso do Miura seria 1968, com 184 unidades entregues. Foram grandes cifras para a Lamborghini, que produzia um carro por dia útil. Mas ainda eram números modestos e, por isso, sem nenhuma surpresa, decidiu-se prosseguir com o desenvolvimento do Miura.

Um dos maiores problemas estava na insuficiente rigidez de sua carroceria, que se manifestava como falta de refinamento e controle menos previsível. Nada poderia ser feito em termos de construção da carroceria, mas havia certas medidas que poderiam ser tomadas para aumentar um pouco a rigidez. Uma delas era tornar mais espesso o metal do chassi; e assim, a partir do carro número 125, a espessura do aço passou de 0,9 mm para 1 mm. Isso ajudou, mas não bastava, e a partir do exemplar número 200, foi feito um reforço na frente da travessa. Mas isso ainda não resolveu por completo o problema, então, o para-brisa se tornou um integrante reforçado do monobloco. Essa medida melhorou as coisas, mas também não era o bastante – havia sempre um problema com a rigidez torcional do Miura.

Além da carroceria flexível, o outro inconveniente universal do Miura estava na má qualidade de sua fabricação, reforçada pelo uso de materiais muito baratos. Enquanto o acabamento externo era bastante inferior, o interno só podia ser especificado com estofamento de vinil. Alguns proprietários consideraram o acabamento tão pobre que levaram seus Miuras a estofadores independentes para tornar o acabamento interno de seus carros mais condizente com veículos tão caros. Tudo melhorou muito a partir do carro número 165, em especial com a disponibilidade de couro como opção extra, cobrada à parte. Havia ainda novas cores de acabamento externo a partir dali; até então, havia apenas umas poucas cores vívidas disponíveis, a mais popular delas era um laranja chamado Rosso Miura.

Entre 1966 e 1969, a produção do Miura P400 totalizou 474 unidades. A velocidade máxima anunciada era de 272 km/h, com uma aceleração de 0-96,5 km/h em 6,7 segundos.

Acima: Uma fotografia da propaganda original do Miura exagerou um pouco as referências ao touro.

LAMBORGHINI

À direita: Em toda a Europa e América do Norte, não faltaram matérias dedicadas ao novo supercarro da Lamborghini.

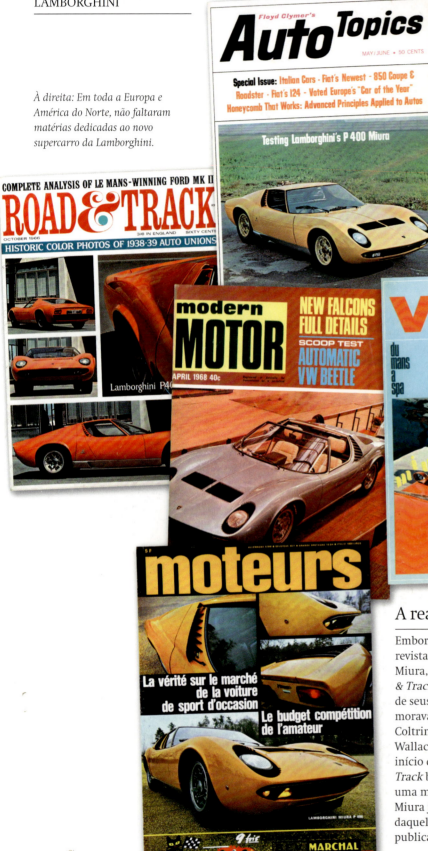

A reação ao P400

Embora se possa pensar que seriam as revistas europeias as primeiras a testar o Miura, foi, na verdade, a americana *Road & Track* que saiu na frente, graças a um de seus principais correspondentes, que morava perto da Lamborghini. Pete Coltrin havia se tornado amigo de Bob Wallace e Ferruccio Lamborghini no início da empresa e, por isso, a *Road & Track* bateu suas congêneres ao publicar uma matéria sobre um dos protótipos do Miura já em outubro de 1966. Em abril daquele ano, a *Autocar* já havia publicado um artigo sobre sua visita à fábrica, com um desenho em corte do chassi do Miura com rodas. O curioso é que o artigo faz referência a uma tentativa da Lamborghini de desenvolver um comando de câmbio hidráulico, deixado de lado em favor de um sistema mecânico mais convencional. Na primeira crítica ao Miura, Pete Coltrin enalteceu o desempenho do carro – o que não foi nenhuma surpresa. Só que o seu elogio foi à qualidade de fabricação do carro, opinião jamais compartilhada por nenhuma outra pessoa – pelo menos no princípio. Já a visibilidade dianteira e a visão traseira (dos carburadores e suas conexões) eram destacadas como dignas de menção pelos motivos certos. Coltrin não apreciava o nível de ruído e o calor interno – detalhes que nunca seriam totalmente corrigidos.

VIRANDO O JOGO

Acima: O Miura renovado manteve as linhas limpas de seu antecessor.

A evolução da espécie: o P400S

Apenas dois anos após a introdução do primeiro Miura de série, a segunda geração do carro estreou no Salão de Turim de 1968. Com o nome Miura P400S, a novidade tinha alguns aperfeiçoamentos importantes em relação ao seu antecessor – assim como outros menos importantes. Para diferenciar o modelo S do anterior, havia anéis cromados ao redor dos faróis (embora fossem ainda pretos em alguns dos primeiros carros), além de acabamento extrabrilhante em torno das molduras das janelas e dos para-brisas. O maior indicativo foi a adoção de um distintivo com a letra "S" na traseira do carro. Em termos práticos, a mudança mais significativa foi a substituição dos antigos HS pelos pneus Pirelli Cinturato. Eles melhoraram muito a dirigibilidade, mas também reduziram a potência extra do motor aprimorado, por causa de sua pegada maior – e consequente

Abaixo, à esquerda: Uma das características que diferenciavam o modelo S era um anel cromado em torno de cada farol.

Abaixo, à direita: As distintivas aletas na parte traseira das portas foram mantidas.

LAMBORGHINI

Acima: A adoção dos pneus Pirelli Cinturato melhorou muito a dinâmica do Miura.

À extrema direita: O motor no Miura S deveria fornecer mais 20 cv que seu antecessor – uma pretensão improvável.

À direita: As aberturas na dianteira para permitir a entrada de ar de refrigeração no radiador instalado na frente.

resistência à rolagem. A dirigibilidade também melhorou ao se mudar a posição dos pontos de montagem do braço triangular na suspensão traseira, para reduzir o afundamento sob aceleração. Obteve-se maior potência de motor com o aumento do diâmetro das válvulas de admissão de 28 para 30 mm, além da modificação das câmaras de combustão. Como resultado, conseguiu-se um aumento declarado na potência de 350 cv a 7.000 rpm para 370 cv a 7.700 rpm – embora na realidade talvez não se chegasse a 20 cv extras. Dependendo das condições, o Miura S atingia uma velocidade máxima

entre 268 km/h e 277 km/h. A aceleração passava de 0-96,5 km/h em 6 segundos.

Outro aperfeiçoamento bem-vindo foi a melhora na qualidade do acabamento interno. Os carpetes e a forração interior foram bastante melhorados, enquanto as janelas receberam acionamento elétrico no lugar das manivelas de antes. Os interruptores de chave foram substituídos por outros de tecla no console do teto, em boa medida para agradar os legisladores americanos. O porta-luvas tinha agora tranca, e a ventilação foi melhorada para manter a cabine mais confortável quando a temperatura aumentasse. As coisas seriam aperfeiçoadas ainda mais no futuro, durante a existência do Miura S, com a disponibilidade de ar-condicionado – embora o sistema não fosse lá muito eficiente.

Houve outras mudanças durante a existência do modelo S, como um

Abaixo: O mais óbvio distintivo do novo carro era o emblema em forma de "S" na traseira.

LAMBORGHINI

Acima: Cada Miura tinha emblemas que indicavam quem o construiu, quem o desenhou e de que modelo derivava.

alternador melhorado, além de modificações nos carburadores e no sistema de ignição. Os freios também foram aperfeiçoados, com a adoção de discos ventilados no lugar dos antigos sem o recurso – mas suas dimensões não mudaram.

Em 1971, quando a produção do Miura S foi encerrada, haviam sido fabricados menos exemplares do que seu antecessor e do que seu sucessor (o SV), com apenas 140 unidades saídas da fábrica de Sant'Agata entre 1969 e 1971.

Abaixo: O Miura original não tinha os detalhes brilhantes em torno do para-brisa; exemplares posteriores perderam os cílios ao redor dos faróis.

O Lamborghini Miura P400S e seus concorrentes em 1970

Marca e modelo	Velocidade máxima (km/h)	0-96,5 km/h (segundos)	0-160 km/h (segundos)	0-402 m (segundos)	Consumo (km/l)	Preço total (libras)
AC 428	227	6,2	15,7	14,2	5,5	7.575
Aston Martin DBS V8	257	6,0	14,7	14,1	5,2	7.501
Ferrari 365GTC	243	6,3	14,7	14,5	4,2	7.901
Ferrari 365GTB/4 Daytona	280	5,4	12,6	13,7	4,4	9.167
Iso Grifo GL365	257	7,4	16,6	14,9	5,5	7.306
Jaguar E-type Roadster	224	7,4	17,1	15,0	7,7	2.351
Jensen FF II	219	8,1	21,5	15,8	4,2	7.705
Lamborghini Miura P400S	275	6,7	15,1	14,5	4,7	10.860
Maserati Indy 4.7	251	7,5	17,6	15,6	4,9	8.190

Números de desempenho fornecidos pela *Autocar*

O P400S na mídia

Mais uma vez, foi a *Road & Track* que saiu na frente na crítica do P400S – apesar de isso só ter acontecido em abril de 1970 e o carro ter sido lançado 18 meses antes. Suscitando as comparações óbvias com excentricidades como o Ford GT40, o P400S era o carro mais veloz que a revista já havia avaliado em suas páginas, atingindo inacreditáveis 270 km/h. Era 8 km/h mais veloz que seu antecessor, ao passo que era 10,4 km/h mais rápido na ultrapassagem da barreira de 0-402 metros – algo que se devia à potência extra, já que o câmbio não tinha sido modificado. Mas não se tratava, entretanto, apenas de velocidade em linha reta; o P400S era também o carro mais veloz que a *Road & Track* já havia testado em seu círculo de derrapagem. Esse círculo tinha um diâmetro de 60,96 metros, de asfalto, que o Miura conseguia percorrer a uma velocidade uniforme de 57,4 km/h, gerando apenas 0,85 G de aceleração lateral. O detentor do recorde anterior era o De Tomaso Mangusta, compreensivelmente batido pelo Lamborghini.

Quando a *Road & Track* testou o P400S, ele ainda não estava homologado para venda nos Estados Unidos. Apesar disso, levaria mais quatro meses até que uma revista europeia conduzisse outro teste, quando a *Autocar* testou o Miura. Embora esse fosse

À esquerda: Quando o Miura S foi lançado, a imprensa especializada mundial já o aguardava com ansiedade.

LAMBORGHINI

À direita: O velocímetro indicava do que o Miura era capaz – embora de maneira um tanto otimista. O interior, pouco sofisticado, mas bem detalhado.

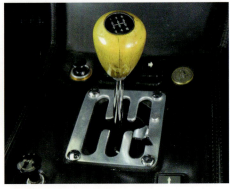

À esquerda: O painel era bem equipado com instrumentos, enquanto a alavanca de câmbio se movimentava no padrão "H".

o carro mais veloz que a revista já havia testado, a 275 km/h, a *Autocar* (como a *Road & Truck*) ficou impressionada com a docilidade do Miura. Afinal, ele não apenas era ligado por meio de um botão, como não sujava as velas como muitos outros supercarros.

Apesar de ser 17,7 km/h mais veloz que o detentor do recorde anterior (o Iso Grifo), o P400S não acelerava com a mesma rapidez de vários outros carros já testados, inclusive o AC Cobra e o 428, a Ferrari 365GTC e até o Morgan Plus 8. Mas nenhum desses carros tinha as linhas do Miura, portanto, eram inferiores...

A revista *Car* foi ainda mais longe em sua edição de novembro de 1970, quando testou o Miura contra a recém-anunciada Ferrari 206GT. Embora os carros fossem opostos em termos de preço e desempenho, estava claro, mesmo então, que com o motor central obtinha-se uma aparência surpreendente e um desempenho de encher os olhos, além de melhor dirigibilidade. O menos certo de tudo era saber por quanto tempo o supercarro sobreviveria em um mundo cada vez mais sujeito a normas burocráticas.

Acima: Alguns dos equipamentos foram transferidos para um console no teto.

Acima: O interior preto era escuro, o que a Lamborghini considerava clássico e discreto.

Acima: Uma das partes mais atraentes do Miura é a três--quartos de traseira.

LAMBORGHINI

À direita: Sem dúvida, os saiotes escoceses embelezaram ainda mais o lançamento do Miura conversível.

O P400 Roadster

Considerando os problemas que a Lamborghini sempre teve com a rigidez torcional do Miura, recortar o teto jamais seria uma boa ideia em termos de proporcionar uma experiência de direção precisa. Mas isso não impediu Bertone de tentar com mais ênfase, com a *carrozzeria* italiana apresentando seu P400 Roadster no Salão de Bruxelas de 1968.

Baseado no Miura P400, o Roadster era muito mais que um simples carro de série com o teto retirado. Tinha de ser; uma ideia assim teria gerado um carro impossível de dirigir devido à sua falta de rigidez. Foi por isso que Bertone reforçou bastante o chassi, além de incorporar uma barra de proteção para capotagem muito mais forte.

Mas a questão não era apenas rigidez. O desenho tinha de ser funcional dos pontos de vista estético e aerodinâmico.

Abaixo: Bertone dispensou as venezianas para mostrar o magnífico V12.

Em consequência, a barra de proteção foi rebaixada 30 mm, e toda a traseira do carro foi redesenhada com entradas de ar mais amplas, um pronunciado defletor de aba e para-lamas redesenhados. Os escapamentos agora saíam pela grade traseira e as aletas foram eliminadas em benefício de janelas mais convencionais.

Como o carro deveria ser um fora de série, foi tratado como uma espécie de vitrine do talento de Bertone. Sem intenção de torná-lo um modelo seriado, o interior podia ter um acabamento muito mais sofisticado do que o normal. Havia então acabamento de couro branco com um novo volante, e os interruptores, em geral instalados no painel do teto, agora se localizavam no console entre os bancos. Uma das melhores características do Roadster se devia à pintura azul-metálico-claro, um acabamento tido como muito mais resistente do que o normal, por suas propriedades à prova de arranhões.

Embora o Roadster tenha sido muito bem acolhido, nem Bertone nem Lamborghini jamais pretenderam colocá-lo à venda. É por isso que nenhum equipamento contra intempéries foi desenvolvido para ele; nem mesmo uma capota de lona para uso em emergências. Assim, de acordo com o planejado, após o final da exibição, o carro

VIRANDO O JOGO

foi guardado, até ser comprado pela International Zinc and Lead Development Association (ILZRO). Essa organização procurava um veículo promocional que causasse impacto e não fosse originário dos Estados Unidos, e o Roadster se encaixava muito bem nesse figurino.

Em conjunto com Bertone, vários elementos do Roadster foram redesenhados, como rodas e grades, boa parte do

À direita: Esta foto mostra as aberturas de ar mais amplas que o normal, logo atrás das portas.

acabamento interno e vários dos componentes mecânicos aparentes do compartimento do motor. O carro passou a ser exposto em vários países, rebatizado de ZN 75. Cumprida sua finalidade, foi posto à venda, sendo por fim vendido a um

colecionador americano. Enquanto somente um exemplar do Miura Roadster foi oficialmente produzido por Bertone, várias cópias foram criadas ao longo dos anos, em geral com painéis de teto do tipo targa para proteger o interior de intempéries.

Acima: Observe com atenção e você verá o proeminente defletor de aba na traseira do Roadster.

41

LAMBORGHINI

À direita: O Jota perdeu a pureza das linhas do Miura – mas mostrou do que a Lamborghini era capaz.

O Miura Jota

Seria muito difícil melhorar as linhas do Miura, mas tratando-se de dinâmica, a questão era totalmente diferente. Havia ainda muito a melhorar no seu desempenho em curvas – e em sua dirigibilidade a velocidades muito altas. Quando toda a equipe encarregada do desenvolvimento do carro começou a trabalhar para Ferruccio Lamborghini, ela o fez na esperança de construir um carro com o qual sua empresa pudesse correr. Mas Lamborghini sabia que corridas eram um bom meio de gastar muito dinheiro sem nem sempre obter o devido retorno. Afinal, ele tinha compradores para todos os Miuras que conseguisse fabricar, e poderia aperfeiçoar um modelo que já existia sem se envolver com esportes automobilísticos.

A recusa de Lamborghini em apoiar corridas provocou a saída de Giotto Bizzarrini e Gianpaolo Dallara da empresa. Com isso, Paulo Stanzani e Bob Wallace ficaram encarregados de desenvolver o Miura e, embora as corridas estivessem fora de cogitação, isso não significava que uma versão ainda melhor não pudesse ser concebida para mostrar o que a Lamborghini podia fazer.

O projeto iniciou-se em 1970, com Stanzani dizendo a Wallace que ele podia fazer o que achasse necessário para produzir um Miura que se revelasse um sucesso nas pistas. Como o projeto não era oficial, Wallace só podia trabalhar nele durante as horas vagas – embora tivesse à disposição toda a ajuda e materiais de que necessitasse. Começou criando uma bancada de provas móvel que lhe permitia trabalhar na aerodinâmica e mecânica com a menor dificuldade possível. Testou o carro por mais de 32.000 quilômetros, descobrindo o que o tornaria mais utilizável, de forma que as alterações pudessem ser feitas nos carros de série da Lamborghini. O protótipo em desenvolvimento foi denominado Jota, talvez a letra J tenha sido usada como uma referência às regras do Anexo J da FIA, nas quais o Jota teria de se enquadrar se fosse um dia participar de corridas – não que um dia isso viesse a acontecer. É interessante que, em seu artigo publicado na edição de agosto de 1971 da revista *Car*, Doug Blain se refere ao carro como Iota, e até como Miura Privata, dizendo ser um brinquedo pessoal de Bob Wallace.

Embora as formas da carroceria não tenham sofrido mudanças fundamentais, o carro sofreu várias alterações cosméticas, como a adição de saias e defletores numa tentativa de melhorar sua aerodinâmica, e os faróis também foram melhorados para reduzir o arrasto. Mas foi sob a carroceria que as grandes modificações ocorreram. O tradicional chassi de aço tubular foi trocado por um quadro feito de uma nova liga leve e mais dura.

O desenho da suspensão também passou por grande modificação, logo, tornou-se totalmente adaptável para experiências de ajustes. Os freios, melhorados, passaram a ser a disco ventilado nas quatro rodas, e rodas de 15 polegadas foram escolhidas por serem o estado da arte na época. As dianteiras tinham 9 pol. de tala, e as traseiras, 12 pol., equipadas com pneus de corrida Dunlop de perfil baixo. Com a carroceria mais rígida e suspensão mais forte, a dirigibilidade do Miura mudou muito – ainda mais considerando-se o acréscimo de potência do motor.

Para permitir a utilização total da capacidade do chassi, o motor recebeu grandes modificações para liberar tanta potência quanto possível. Com uma taxa de compressão elevada para 11,5:1, um comando de válvulas aperfeiçoado, lubrificação de cárter seco e escapamento

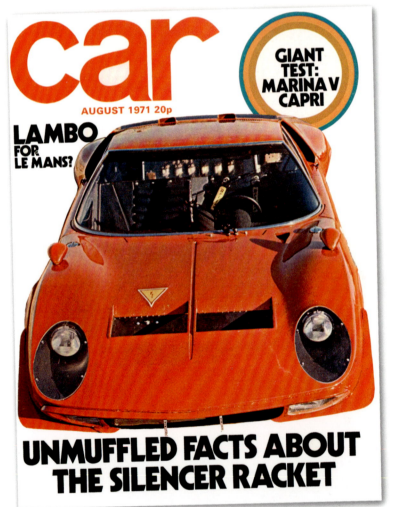

Acima: A revista Car *achou que a Lamborghini levaria o Miura às corridas, mas isso não ocorreu.*

aberto, conseguiu-se a melhor preparação possível do motor, embora ele tenha permanecido relativamente dócil. O conjunto todo foi ainda equipado com quatro carburadores Weber 46 IDL, funcionando sem os filtros. O resultado? Um pico de potência de 440 cv a 8.500 rpm, que, com um peso em ordem de marcha que Bob Wallace dizia ser em torno de 880 kg (cerca de 250 kg menos que o Miura), significava um desempenho sensacional. Ele não apenas tinha uma arrancada de 0-100 km/h em apenas 3,5 segundos, como chegava a 303 km/h com muita facilidade. Mais impressionante ainda, esse número representava uma potência específica de 110 cv por litro – nada mau para um motor normal aspirado da época.

Referências constantes a esse carro e o fato de que Lamborghini deveria levá-lo a competir acabaram gerando a decisão de se desfazer dele. Ele foi vendido em 1972 por um dos revendedores italianos da Lamborghini a um cliente muito insistente, mas acabou logo destruído em uma colisão em alta velocidade.

À esquerda: Em altas velocidades, estas barbatanas da frente do Jota eram muito eficazes na geração de força vertical descendente.

No entanto, a história não termina aqui, uma vez que um rico (e muito paciente) entusiasta passou 15 anos criando uma réplica do Jota, tão fiel quanto pôde. Piet Pulford, um conhecido maluco por Lamborghinis, criou esta cópia do Jota com a ajuda de Bob Wallace para garantir um nível de precisão o mais alto possível. Baseado em um dos primeiros P400, obtido nos Estados Unidos, o trabalho foi realizado no Reino Unido por Chris Lawrence, já falecido, da Wymondham Engineering, e Roger Constable, da The Car Works. Com tanto tempo e dinheiro gastos com o projeto, concluído em 2006, é improvável que algo mais fiel possa vir um dia a ser produzido – como Bob Wallace comentou na revista *Octane* ao ver o artigo concluído: "Talvez o trabalho artesanal tenha ficado melhor que o meu, no original".

À esquerda: Os painéis dianteiro e traseiro de rápida remoção para acesso dos mecânicos.

LAMBORGHINI

À direita: O SVJ deveria ter apenas um limpador de para-brisa, mas este exemplar tem dois.

O Miura SVJ

Abaixo: O SVJ era mais parecido com o Miura de série do que o Jota, mas havia aquelas barbatanas na dianteira e faróis de aparência mais agradável.

Revelado o segredo da existência do SVJ, os pedidos logo começaram a ser feitos. Os consumidores queriam que lhes fosse oferecido algo tão indomável como o Jota, mas a Lamborghini não estava disposta a comercializar um carro tão radical. No entanto, a empresa se preparou para fabricar alguns carros que se parecessem com o Jota, além de também apresentar um motor mais potente – mas que não chegava nem perto do Jota que Wallace e sua equipe criaram. Conhecido como o Miura SVJ, cerca de seis unidades dele foram fabricadas (alguns dizem que foram apenas quatro), com faróis elegantes e alguns acréscimos na carroceria, embora as mudanças importantes tenham ficado na parte mecânica. Além de um motor preparado para gerar cerca de 30 cv extras, havia lubrificação por cárter seco, um diferencial de deslizamento limitado, rodas mais largas e apenas um limpador de para-brisa.

A primeira pessoa a receber um Miura SVJ foi o xá da Pérsia, um homem que, acredita-se, seria dono de cerca de 3.000 carros. Ele, com certeza, não teve oportunidade de usar muito todos eles, pois quando o carro apareceu em Dubai, em 1996, tinha apenas 3.000 km rodados. Com sua pintura e forração de couro originais, o carro estava exatamente como fora entregue no retiro de férias do xá em Saint Moritz – completo, com pneus de neve com tachas metálicas. Em 1997, ele foi leiloado em Genebra, vendido ao ator Nicolas Cage – que pagou meio milhão de dólares por ele.

O primeiro SVJ saiu com a pintura em vermelho-escuro, com o interior de couro na cor creme e, como todos os exemplares produzidos, tinha a cabine feita sob medida para seu motorista original. Mas, fato estranho, havia cinto de segurança apenas para o motorista. Presume-se que isso se explique porque haveria sempre um guarda-costas armado no banco do passageiro, que, caso tivesse de sair rápido do carro, nada poderia detê-lo. Não havia muito como silenciar o motor devido a um sistema de escapamento aberto direto que soava fabuloso – mas reduzia o espaço para bagagem. Entretanto, não deve ter havido muitos compradores do SVJ que encomendaram seus carros levando em conta a quantidade de bagagem a ser transportada.

O dia em que a Ford quase comprou a Lamborghini

Talvez haja alguma licença poética nessa manchete, mas houve muitos rumores no final dos anos 1970 de que a Ford estaria prestes a comprar a Lamborghini. Após o Salão de Turim daquele ano, Ferruccio Lamborghini teve de admitir que as coisas estavam difíceis para suas duas empresas. Com mais de 2.000 tratores encalhados no pátio, a divisão agrícola começava a encontrar dificuldades para fechar as contas, o que exercia um óbvio efeito cascata sobre a divisão de supercarros, que sempre teve dificuldades em apresentar lucros devido à pouca economia de escala.

Numa coletiva de imprensa em novembro de 1970, Lamborghini disse que era cada vez mais difícil alguém justificar o gasto de 6.000 libras com um supercarro – e que a única maneira de a empresa sobreviver seria com uma intervenção governamental. Por que o contribuinte haveria de querer bancar um fabricante de supercarros que nunca teve lucros não era algo que se podia explicar, mas Lamborghini sugeriu que o plano poderia ser apresentado de forma que fizesse sentido.

No dia da coletiva de imprensa, um jato executivo da Ford Motor Company foi visto pousando no aeroporto de Bolonha, com os executivos Henry Ford II e Lee Iacocca desembarcando dele. Em seguida, sem dizer para onde iriam, eles desapareceram. Havia rumores também de que eram convidados de Ferruccio Lamborghini para passar o dia em uma de suas casas de campo. Foi então que os boatos ganharam força, com insinuações de que a Ford estava prestes a adquirir o controle da empresa de Lamborghini, o que ele negou com veemência. Todavia, enquanto no ano anterior ele negava a possibilidade de a venda do controle de sua empresa um dia acontecer, no final de 1970 suavizou o discurso. Chegou a dizer que, se a Ford quisesse conversar a respeito de uma transação, ficaria muito feliz em se sentar à mesa de negociações. Talvez os executivos da Ford ainda estivessem ressentidos com seu fracasso na tentativa de aquisição da Ferrari, quase uma década antes – mas não tão ressentidos assim, porque a Lamborghini nunca se tornou parte da Ford.

O Miura SV

A terceira e última variante do Miura, o SV, foi exibida no Salão de Genebra de 1971. Essa deveria ser a versão mais veloz e extrema do carro até então, embora não fosse realmente mais rápida do que seu antecessor, com uma velocidade máxima anunciada de 288 km/h e um tempo de aceleração de 0-96,5 km/h em 6 segundos. Mas as alterações feitas neste carro foram mais significativas do que as realizadas no P400S em relação ao P400. Com o tempo, o SV se tornou o Miura mais admirado de todos, mas naquele salão seu brilho foi ofuscado por algo muito mais espetacular – se bem que não tão bonito. Neste salão, o Countach foi apresentado e, comparadas as suas linhas com as do Miura, o Countach era bárbaro – então, não surpreendeu que tenha ofuscado o SV.

Mas o Countach só seria colocado à venda em três anos; nesse ínterim, quem desejasse um supercarro de Sant'Agata teria de se contentar com um Miura SV. Comparado ao seu antecessor, havia mudanças significativas na carroceria, na mecânica e no acabamento interno – mas o carro não estava disponível para qualquer um. Lamborghini declarou que apenas clientes especiais poderiam comprar um SV, com o S ainda no mercado, embora a realidade fosse que o SV substituiu o S sem muita demora – e estava disponível

Acima: O SV era tão elegante quanto os modelos anteriores.

À esquerda: O motor podia funcionar com filtros de ar, como se vê na foto de cima. Para se obter maior potência, funcionava com cornetas, como na foto de baixo.

LAMBORGHINI

Acima: O SV perdeu os cílios característicos ao redor dos faróis, mas manteve as aletas na traseira de cada porta.

Abaixo: Os painéis dianteiro e traseiro articulados dão acesso privilegiado aos mecânicos.

para qualquer pessoa que tivesse dinheiro suficiente.

A fim de ressaltar as diferenças entre o SV e o S, havia para-lamas traseiros mais amplos para cobrir as rodas de 9 pol. de tala, que eram agora equipadas com pneus de perfil 60; antes usavam os de 70. Novas lanternas traseiras, agora com luz de ré incorporada e uma frente remodelada, com para-choques menos proeminentes, pisca-piscas maiores e uma grade mais ampla. E, mais importante, os cílios, que haviam se mostrado tão controversos nos primeiros carros, foram eliminados, havendo agora novos faróis que podiam ser elevados e baixados com mais rapidez do que antes.

Apesar de haver poucas alterações mecânicas significativas entre o SV e o modelo anterior, uma delas era de fato importante. As versões anteriores do Miura tinham um motor e uma caixa de câmbio que compartilhavam o mesmo óleo, mas o SV vinha equipado com dois cárteres: um para o motor e outro para a transmissão. Contudo, alguns dos primeiros exemplares do SV não apresentavam essa configuração – no típico estilo Lamborghini, a fábrica introduzia as mudanças quando tinha tempo.

Com a chegada do SV, a quantidade de encomendas do Miura não diminuiu, apesar de ele ter sido lançado já com o Countach à vista.

Aquilo, contudo, fez pouca diferença para Ferruccio Lamborghini, que estava

Acima: O interior não mudou muito, mas a qualidade do revestimento melhorou.

Na página ao lado, acima: A frente do SV era mais límpida do que a do seu antecessor, com novas luzes e grade.

Na página ao lado, abaixo: Doug Blain testou o Miura SV para a revista Car *muito tempo após seu lançamento.*

convencido de que ninguém iria querer um carro tão familiar e antiquado quando algo tão arrojado quanto o Countach já havia sido anunciado. Apesar de Bertone dizer que um lote final de 50 carros devia ser fabricado, com a absoluta certeza de que seriam vendidos, Lamborghini declarou que sua produção seria encerrada no final de 1972.

Apenas 150 unidades do SV foram fabricadas entre 1971 e 1972, e o último Miura SV foi entregue em janeiro de 1973. Com isso, a fábrica da Lamborghini ficou um tanto ociosa quando ainda havia um bom tempo pela frente até que o Countach estivesse pronto para entrar em produção, e tanto a venda do Espada como a do Jarama seguiam em ritmo muito lento. Se as coisas pareciam difíceis naquele momento, elas estavam a ponto de se tornar ainda piores...

O Miura SV ignorado pela imprensa

No mundo altamente guiado pelas aparências do século 21, seria inconcebível pensar que um fabricante de carros pudesse lançar um novo modelo (embora uma versão redesenhada de um modelo antigo) sem nenhuma cobertura da imprensa mundial. Mas é isso o que parece ter acontecido com o último derivado do Miura, que não foi testado por nenhuma das grandes revistas naquele período. Pelo menos Doug Blain dirigiu um SV (para a *Car*) pouco antes do seu fim – mas isso foi 18 meses após o seu anúncio.

Até então, era muito comum que um dos modelos da Lamborghini fosse testado por mais de um ano após seu anúncio oficial, e isso não poderia ter sido deixado de ser feito pelo surgimento do Countach ainda como conceito. Desde o lançamento, ficou claro que o Countach seria colocado à venda e, assim que fosse notado, tornaria-se o centro das atenções. O que é uma pena quando o SV era não só o mais desenvolvido e desejado derivado do Miura, mas também a versão final do primeiro supercarro de motor central de produção em massa do mundo.

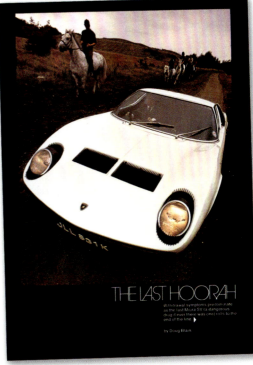

LAMBORGHINI

Acima: No set de filmagem de Um golpe à italiana, *com o Miura próximo do fim.*

O Miura e *Um golpe à italiana*

Nenhum apaixonado por carros conseguiria assistir à cena de abertura do filme *Um golpe à italiana*, de 1969 sem se emocionar. Tudo começa com um Miura cruzando velozmente um belo caminho deserto da Itália, e um sujeito moreno, 40 e tantos anos, hábil, dirigindo o carro. Ele acende um cigarro e, com o som do escapamento como trilha sonora perfeita, Matt Monro começa a cantar "On days like these". Não poderia ser melhor – até que o Miura entra no túnel Grand Saint Bernard e, em seguida, explode numa enorme bola de fogo. A cena seguinte corta para a outra extremidade do túnel, onde um trator aparece arrastando os destroços do reluzente Miura laranja para fora da escuridão – colocando-o em seguida no acostamento. Quando o carro se estraçalha durante sua queda para o rio centenas de metros abaixo, uma coroa de flores é atirada em sua direção. Para muitas pessoas, aquela foi a primeira vez que viram um Miura.

Embora se diga que apenas uma maquete do carro foi utilizada na filmagem da cena, a verdade é que sairia mais caro fazer uma cópia – portanto, um Miura genuíno foi despojado de tantas peças quanto possível antes de ser sacrificado.

A Lamborghini é vendida

Não era segredo que o império de fábricas de máquinas agrícolas de Ferruccio Lamborghini financiava seu negócio de supercarros. Sem os lucros da fábrica de implementos agrícolas não haveria supercarros saindo de Sant'Agata. Enquanto as vendas dos tratores iam bem, não havia problemas – mas os sobressaltos seriam inevitáveis em algum momento. Isso ocorreu em 1972, quando uma encomenda de 5.000 tratores, já fabricados, à espera de serem entregues, foi cancelada. Eles se destinavam à Bolívia, mas uma mudança de governo levou ao rompimento do contrato de venda quando os tratores estavam prestes a ser embarcados.

Esse panorama deixou Lamborghini sem alternativa, a não ser vender seu negócio de supercarros o quanto antes, enquanto tentava também encontrar um comprador para a fábrica de tratores. Enquanto esta foi, por fim, vendida ao grupo Same, uma participação de 51% no controle daquela foi vendida ao empresário suíço Georges-Henri Rosetti. Com a participação majoritária da companhia agora detida por um estrangeiro, Lamborghini logo perdeu o interesse em seu negócio de carros, e não surpreendeu o fato de ter havido uma escassez de novos produtos da marca até o surgimento do surpreendente Countach, em 1974. Mas, se o panorama parecia desanimador quando Lamborghini se desinteressou por sua fábrica de carros, isso não era nada perto do que ainda estava por vir...

O Miura 2006: um renascimento tardio?

Com temas retrô influenciando cada vez mais o desenho dos carros do século 21, Lamborghini fez uma grande aposta no Salão de Detroit de 2006, ao revelar um conceito que representava a tentativa de recriar um dos mais belos carros que já existiram – seu próprio Miura. A Ford havia tentado a mesma jogada com seu GT (que imitava o GT40), e a Chevrolet fez algo parecido com seu Camaro – e a Dodge também com o Charger. Embora todos esses carros fossem ícones, nenhum deles tinha o prestígio do Miura; esse era um grande risco a assumir. Lamborghini seria visto como alguém que se vendeu ou seria aplaudido por ter recriado formas tão elegantes?

O projeto era um trabalho do projetista-chefe de Lamborghini, Luc Donckerwolke, proprietário de um Miura e grande fã do carro. Apresentado no Salão de Los Angeles em janeiro de 2006, o conceito não era funcional, não andava, embora houvesse rumores de que um motor de 660 cv equiparia o carro. Independentemente do motor, o Miura era de fato imponente, por ser mais longo, largo e alto que o Murciélago. Embora o Miura original tivesse um motor V12 de montagem transversal, a recriação talvez tivesse sido equipada com um motor instalado de forma longitudinal, com deslocamento volumétrico em torno de 6,5

litros – falava-se até na utilização do motor V10 do Gallardo, com a potência aumentada para 600 cv. Havia também uma sugestão de equipá-lo com a transmissão DSG (semiautomática) de sete marchas do Bugatti Veyron e a probabilidade de tração nas quatro rodas. Enquanto o Miura original era muito compacto, o novo carro teria sido uma versão em maior escala do seu antecessor. Em parte, isso se devia a um maior espaço para bagagem, mas também porque, com os modernos equipamentos de segurança incorporados, havia necessidade de bastante espaço para itens como air bags e barras de reforço.

Outro aspecto em que o conceito do Miura seria muito melhor do que o de seu antecessor era a estabilidade em altas velocidades. Enquanto a dianteira do carro dos anos 1960 tornava-se leve acima de 240 km/h – o que era uma preocupação –, o novo modelo permaneceria firme sobre o asfalto. Isso se devia a um defletor mais eficiente na dianteira e também foi de grande ajuda um defletor traseiro que podia ser programado para levantar à medida que a velocidade aumentasse. No que diz respeito ao desenho geral, talvez a diferença mais significativa entre as linhas do carro antigo e as do novo fosse o detalhe da dianteira. Enquanto o Miura dos anos 1960 tinha faróis que se abriam, no novo modelo eles teriam de ser substituídos por outros mais práticos devido a mudanças na construção do carro como um todo e na legislação – mas era quase como se as linhas do novo carro fossem sacrificadas demais como consequência.

Embora alguns achassem que essa renovação das linhas de Gandini fosse a solução ideal, a reação era, em geral, negativa. Lamborghini foi acusado de estar tirando proveito de sua herança de maneira muito cínica e, como os recursos disponíveis eram limitados, resolveu-se que era mais apropriado concentrar-se em outros projetos. Assim, o carro foi discretamente posto de lado e esquecido.

Acima e abaixo: Não há dúvida sobre o que inspirou esse conceito, que foi ao mesmo tempo enaltecido e criticado.

LAMBORGHINI

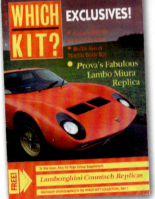

No alto: O Prova foi a única réplica do Miura com credibilidade, como visto aqui, em maio de 1989.

À direita: Era óbvio o que havia inspirado o Cheetah, mas ele não chegou nem perto.

Não pode pagar pelo original?

Com tão poucos Miuras fabricados, preços tão altos e formas deslumbrantes, é de se admirar que não haja mais réplicas sendo vendidas por aí. Por outro lado, isso pode ser uma coisa boa – um ícone como o Miura não deveria ser desvalorizado como foram o Cobra e o Lotus Seven. Uma grande quantidade de réplicas do Countach foi ofertada – mas até agora poucas foram as tentativas de replicar o primeiro carro de motor central da Lamborghini.

O primeiro Miura falso foi o Mirach II, da Cheetah Cars, de County Durham, Inglaterra. No início de 1986, o projeto começou a caminhar, com uma carroceria que estava se tornando boa o suficiente para ser aceita no mercado. Até então, não havia um motor definido, mas o Pinto de quatro cilindros da Ford foi sugerido como adequado. Quando os primeiros carros foram produzidos para venda, eles saíram com o motor CVH da Ford – talvez o projeto encontrasse ainda algumas dificuldades antes de engrenar!

A seguir, houve um falso início, no primeiro semestre de 1988; foi quando a Silhouette Cars, de Northants, anunciou que iria produzir uma réplica do Miura. Sua cópia do Countach é abordada em outro capítulo – infelizmente, o Miura nunca se tornou realidade, nem sequer como protótipo.

Com isso, sobra apenas uma réplica do Miura que realmente vale a pena levar em consideração: o Prova ZL. Paul Lawrenson, o homem responsável pela Prova Designs, havia conseguido construir uma das melhores réplicas do Countach. Com as vendas indo bem, ele precisava de um novo projeto e resolveu escolher o Miura. Mas, em vez de começar o projeto pelos rascunhos, comprou um conjunto de moldes de carrocerias de réplicas do Miura da Hutson Motor Co. Mais comumente associada à réplica do MG TF, a Hutson queria se concentrar nelas, em vez de se envolver em um novo projeto. Quando Lawrenson comprou os moldes, estava bem claro que eles não reproduziriam as linhas do Miura com muita fidelidade. Assim, no começo da existência do modelo, a Prova obteve um conjunto de moldes de um Miura original, corrigindo as imprecisões na forma da carroceria. Acredita-se que esses moldes eram os da Cheetah Cars, de um Miura que estava sendo restaurado na época.

Com portas convencionais, o Miura era muito mais fácil de construir que o Countach, e, como Lawrenson baseou sua réplica no mesmo chassi de sua cópia do Countach, as coisas ficaram ainda mais fáceis. Para garantir a integridade das formas da carroceria, a Prova pôs uma dupla camada no teto e moldou as soleiras das portas e a carcaça central em uma peça e, enquanto estavam ainda no molde, uniu o anteparo e o assoalho, criando uma construção rígida e unitária.

Fornecido com um motor Renault 30, o ZL passou a ser vendido no final de 1989. Na época, havia uma grande atividade econômica mundial, que teria levado os preços dos Miuras genuínos à estratosfera. Mas o crescimento durou pouco, e, no período de dois anos, seus preços caíram muito – tornando inviáveis projetos como o Prova. Isso foi uma tragédia porque o ZL era de fato uma boa cópia do mais belo carro do mundo, e muito procurado.

Havia uma variedade de motores de 4 ou 6 cilindros que serviam, mas o necessário era um V8 – no mínimo. Apesar disso, o carro não fora projetado para receber um motor maior que um V6, embora a Prova afirmasse que um motor V8 seria "simplesmente" adequado. Todavia, tendo acabado de ter o trabalho de mudar de um motor Renault V6 para um Rover V8 em seu carro, Graham Sandford-Jones achou que ele não serviria sem alterações na forma e posição do anteparo traseiro.

Mas, com uma aparência como aquela e um preço por volta de 10.000 libras (quando o verdadeiro custaria na época mais de 100.000 libras), pode-se perdoar a menor quantidade de centímetros cúbicos. Além disso, com o Honda V6 de 2,7 litros e 220 cv que havia sido instalado no primeiro carro construído, o ZL chegava a 240 km/h – logo, ele não era bem um molenga.

Embora o ZL tenha sido apresentado no final dos anos 1980, tudo ficou meio parado durante os anos 1990. Mas o projeto não morreu por completo porque um novo capítulo da história começou a ser escrito em meados da década de 1990. Foi quando a Paralell Designs (que havia também produzido uma réplica muito fiel do Diablo) obteve a carroceria do Prova, que foi então redesenhada para receber um motor BMW V12. Mesmo com o V12 original posicionado na transversal, na réplica atual ele foi colocado na longitudinal, o que significava a necessidade de muitas mudanças na cabine, mas, com um motor BMW V12 de 400 cv, não importava se as coisas não estivessem 100% de acordo com o original...

Especificações: Miura P400, P400S, SV

MOTOR

Descrição
Traseiro central, transversal, V12 a 60° com bloco inteiriço e cárter de alumínio fundido com camisas de ferro fundido montadas por encolhimento. Dupla árvore de comando de válvulas por bancada, tuchos de aço tipo copo invertido atuando com válvulas inclinadas. Pistões de cabeça côncava com três anéis, bielas de aço. Virabrequim de aço cromo-níquel endurecido de sete mancais usinado de material bruto

Cilindrada
3.929 cm³

Diâmetro e curso
82 mm x 62 mm

Taxa de compressão
9,5:1 (P400S e SV: 10,7:1)

Potência máxima
P400: 350 cv a 7.000 rpm
P400S: 370 cv a 7.700 rpm
SV: 385 cv a 7.700 rpm

Torque máximo
P400: 36,2 mkgf a 5.000 rpm
P400S/SV: 39,5 mkgf a 5.500 rpm

Carburador
Quatro Weber triplos verticais

TRANSMISSÃO

Caixa de câmbio
Cinco marchas, todas sincronizadas

Relações
1ª	2,520:1
2ª	1,735:1
3ª	1,225:1
4ª	1,000:1
5ª	0,815:1
Ré	2,765:1

Embreagem
Mola diafragmática 245 mm monodisco a seco

Redução final
Par cilíndrico helicoidal, relação 4,083:1

FREIOS

Dianteiros
A disco Girling, 300 mm de diâmetro

Traseiros
A disco Girling, 307 mm de diâmetro

Operação
Girling hidráulico, servo a vácuo

Freio de estacionamento
Alavanca, com ligação por cabo aos discos traseiros

SUSPENSÃO

Dianteira
Independente. Braços triangulares superpostos, molas helicoidais, amortecedores telescópicos, barra estabilizadora

Traseira
Independente. Braços triangulares superpostos, molas helicoidais, amortecedores telescópicos, barra estabilizadora

DIREÇÃO

Tipo
Pinhão e cremalheira

Número de voltas entre batentes
P400/SV: 3,4. P400S: 3,2

Diâmetro mínimo de curva
P400: 10,8 m
P400S/SV: 11,2 m

Volante
Três raios, 35,6 cm de diâmetro

RODAS E PNEUS

7 x 15 pol. Campagnolo de magnésio (SV: 9 x 15 pol. traseira)

Pneus
P400: 210-15 pol. Pirelli HS
P400S: GR70VR-15 pol. Pirelli Cinturato
SV: FR70HR-15 pol. na dianteira, GR70VR-15 pol. na traseira, Pirelli Cinturato

DESEMPENHO

P400S em teste de rua da *Autocar*, 13 de agosto de 1970

Velocidade máxima
276 km/h

Aceleração
0-80 km/h	5,1 s
0-96,5 km/h	6,7 s
0-112 km/h	8,2 s
0-128 km/h	10,0 s
0-144 km/h	12,8 s
0-160 km/h	15,1 s
0-177 km/h	17,6 s
0-193 km/h	20,6 s
0-209 km/h	25,0 s
0-225 km/h	29,3 s
0-402 m	14,5 s

Consumo médio de combustível
4,7 km/l

DIMENSÕES

Comprimento
4.360 mm

Largura
1.760 mm
P400S: 1.780 mm

Altura
1.060 mm

Distância entre-eixos
2.500 mm

Bitolas
Dianteira: 1.400 mm
P400S: 1.420 mm

Traseira: 1.400 mm
P400S: 1.420 mm
SV: 1.540 mm

Distância mínima do solo
125 mm

Peso
P400: 1.125 kg
P400S/SV: 1.298 kg

COUNTACH
1974–1990

LAMBORGHINI

1974-1990
Mantendo a dianteira

Quando o Miura foi mostrado pela primeira vez, o conceito de um supercarro de motor central de série era novidade. No entanto, no início dos anos 1970, Lamborghini já não era o único a utilizar esse conceito; vários de seus concorrentes tinham seus próprios supercarros com motor central. Se você não gostasse do De Tomaso Mangusta, poderia ter um Pantera, da mesma empresa. E, se nenhum desses agradasse, havia a opção de um Maserati Bora – ou, que tal, uma Ferrari Berlinetta Boxer? Até o maior concorrente da Lamborghini havia adotado os motores centrais, então era fundamental que a companhia de Sant'Agata desse uma acelerada para manter a dianteira.

A saída teria de ser produzir algo de cair o queixo; as linhas podiam ser comparáveis às do Miura, mas não haveria configurações defeituosas porque agora tudo já havia sido feito. A resposta estava em um carro no início chamado Projeto 112. O novo veículo seria mais um bólido de motor central, do qual se tentaria eliminar todos os principais defeitos do Miura.

Mudanças na construção

O primeiro protótipo do Countach foi equipado com um motor de 5 litros, que passou a ser de 4 litros nos primeiros carros de série. Alguns dos detalhes de estilo também evoluíram; o mais importante deles foi o acréscimo de cavidades e dutos extras para melhorar a refrigeração. Todavia, algo que não mudou foi o uso de portas de ação de tesoura – algo que não havia sido visto antes, mas que se tornou item obrigatório nos supercarros que vieram depois.

Uns dos mais importantes avanços do Countach em relação ao seu antecessor foram o motor e o projeto da transmissão. Esse arranjo, muito menos problemático, proporcionou maior equilíbrio e eliminou o incômodo comando de câmbio que havia sido uma indesejável, mas inerente,

54

característica do Miura. Com o motor voltado para trás, a força era transmitida à caixa de câmbio, localizada adiante dele. Assim, a força era então transferida ao diferencial, que ficava atrás do V12; essa potência, por sua vez, se transferia pelo eixo cardã para engrenagens intermediárias. Mas o cardã que conectava a saída da caixa de câmbio à entrada do diferencial tinha de passar pelo cárter do motor, dentro de seu próprio túnel selado. O sistema funcionava bem, mas a complexidade adicional significava que o motor tinha de ficar alguns centímetros mais alto do que em outras situações – e um dos requisitos básicos desse carro era ter um centro de gravidade o mais baixo possível. Não obstante, o desenho proporcionava vários benefícios, o mais importante deles sendo a possibilidade teórica de o peso do carro ser dividido de forma mais igual entre os eixos dianteiro e traseiro. Na prática, a distribuição resultou em cerca de 42:58 dianteira-traseira, exatamente como no Miura. Outra grande vantagem era uma menor proximidade do motor com a cabine, de modo que a redução do calor e dos níveis de ruído no interior da cabine era mais fácil.

Estilizando o Countach

Poucos proprietários do Countach apreciavam de fato a maravilha da engenharia sob a sua carroceria – pelo menos quando os carros eram novos. O que de fato lhes importava era a aparência deselegante do carro. Enquanto o Miura era ágil, ousado e impressionante, o Countach, outra criação de Marcello Gandini, era abrutalhado. Com muitas características inspiradas em carros como o "show car" Bertone Carabo, além de carros de corrida de longa duração como o Porsche 917, o pioneiro Countach tinha talvez o perfil mais chocante, em formato de cunha, jamais visto em um carro de rua.

Sob alguns aspectos, os parâmetros de desenho do Countach pareciam bem simples no sentido de que ele tinha de ser muito mais surpreendente que o Miura, embora com apenas dois lugares. Um motor de instalação central foi usado desde o início, e a dinâmica do carro também precisava ser aperfeiçoada.

Se a mudança do motor e do projeto da transmissão era significativa, a construção do carro era ainda mais. O Miura tinha chassi de chapa de aço; o Countach utilizaria um chassi tubular. Para o protótipo, havia reforços de chapa de aço soldados em um quadro de seção tubular de aço; nos carros de série, isso se tornaria um tubo circular mais complicado, sem os reforços de chapa de aço. Ao mesmo tempo em que demandava muita mão de obra, sendo, portanto, uma solução cara para o problema, o chassi de aço tubular proporcionava leveza e rigidez – dentro dos números de produção projetados, essa era a melhor solução.

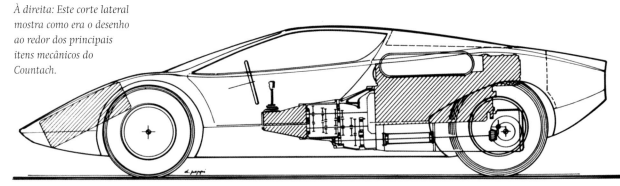

À direita: Este corte lateral mostra como era o desenho ao redor dos principais itens mecânicos do Countach.

No alto: De qualquer ângulo que fosse visto, o Countach era abrutalhado.

À esquerda: Esboço inicial para o conceito Countach.

Na página ao lado: O perfil do protótipo do Countach exibe a assinatura Gandini no arco da roda traseira.

LAMBORGHINI

A inexperiência de Marcello Gandini foi, de certa forma, muito útil; concentrado em produzir um desenho impressionante, não se preocupou com os aspectos práticos do dia a dia. Embora isso resultasse em formas não muito aerodinâmicas, Lamborghini estava menos preocupado com isso; a aparência era o que importava. Mas uma aerodinâmica tão ineficiente não favoreceria, pelo contrário, prejudicaria a estabilidade do carro, além de limitar sua velocidade máxima.

À direita e acima à direita: O Carabo de 1968 indicava o que estava por vir. Desenhado pela casa de projetos Bertone, seu desenho era bem semelhante ao do Countach.

À direita: O emblema pode dizer Bertone, mas o carro era um produto da casa de projetos, mais que do homem.

O que significa um nome?

O nome diz tudo – se você é piemontês; para os demais, o significado do emblema do Countach não diz nada. A própria palavra Countach (pronuncia-se "cuntach") é uma grande exclamação, sem tradução direta, e quando se tem um carro tão impressionante como este, não é exagero. Quando o protótipo do Countach foi visto pela primeira vez, chamava-se Projeto 112. Mas assim que o desenhista Nuccio Bertone o viu, exclamou: "Countach!" – e o nome ficou.

No Salão de Genebra

O carro que substituiria o Miura foi apresentado no Salão de Genebra em 1971 como protótipo inicial, com o nome de Countach LP500. Equipado com uma versão de diâmetro e curso do V12, a cilindrada aumentou para 4.971 cm³, com potência máxima de 440 cv a 7.400 rpm e pico de torque de 50,6 mkgf a 5.000 rpm. Falou-se muito no carro, e suas características justificavam sua fama.

Em maio de 1972, tomou-se a decisão de produzir o Countach em pequenas

MANTENDO A DIANTEIRA

quantidades, para compradores que valorizavam o desempenho acima de tudo. Não haveria itens de conforto como ar-condicionado ou vidros elétricos, e não havia planos para desenvolver o carro em grande escala devido à sua natureza exclusiva. Naturalmente, uma mudança de ideia radical veio logo, com a revelação de um Countach mais ou menos preparado para ser produzido em série, no Salão de Genebra de 1973 – embora ainda fosse levar mais um ano até que surgisse a versão acabada.

Quando o carro pronto para a produção em série surgiu, recebeu o nome de Countach LP400, denotando seu motor V12 de 4 litros e o fato de ter sido estendido de forma longitudinal na traseira (LP significa *longitudinale posteriore*). Enquanto os protótipos iniciais tinham motores V12 de 5 litros, percebia-se que não haveria tempo suficiente para desenvolver o motor de maneira adequada para lhe conferir confiabilidade e potência. Em consequência, os primeiros carros destinados ao mercado tinham motores V12, em boa medida o mesmo do Miura, mas com fundição de bloco diferente.

Desenvolvendo o Countach de série

Assim que o Countach "pronto para entrar em produção" foi exibido no Salão de Genebra de 1973, as encomendas começaram a chegar. Era provável que ninguém produzisse outro carro assim, de aparência tão impressionante, e com certeza os concorrentes fabricantes de supercarros como a Ferrari e a Maserati jamais se arriscariam tanto como a Lamborghini. Era apenas de encorajamento que a Lamborghini precisava, porque a produção havia quase cessado com o fim do Miura, e as vendas do Espada e do Jarama estavam paradas. Mas a empresa ainda não havia se livrado das dificuldades, e durante os anos 1970 houve uma crise após outra.

Desde a sua estreia como protótipo no Salão de Genebra de 1971, a equipe de desenvolvimento havia percorrido milhares de quilômetros com o Countach, tentando eliminar o máximo de problemas. Uma das dificuldades principais era a insuficiência de ar para a refrigeração do motor V12 de posição central, o que levou à modificação

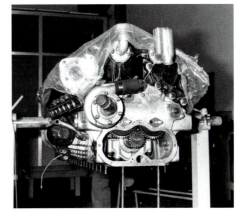

No alto à esquerda e acima: O Countach foi mostrado como protótipo no Salão de Genebra de 1971.

À esquerda: Um motor do Countach em desenvolvimento, fotografado em março de 1973.

57

LAMBORGHINI

À direita: O motor e o câmbio do Countach parecem compactos nesta foto; mas definitivamente não o são!

Abaixo: Outras fotos de março de 1973 mostram a suspensão traseira, além do cárter de liga leve e o eixo motriz.

das entradas de ar atrás da cabine, enquanto uma tomada NACA foi também incorporada à traseira de cada porta e à borda de fuga dos aerofólios traseiros, por precaução. Embora a questão da refrigeração apresentasse o maior problema de confiabilidade, havia vários outros obstáculos em termos de maneabilidade e confiabilidade, que levaram à realização de uma variedade de ajustes. As lanternas traseiras foram modificadas, além do perfil do teto e do nariz. As pequenas grades no painel frontal foram eliminadas e um par de limpadores brotou da base do para-brisa. Quando o protótipo original havia sido desenhado, nenhuma atenção de fato foi dada ao problema de manutenção da visibilidade através do para-brisa – um caso e tanto de falta de percepção! Na ocasião, os dois limpadores de para-brisa tornaram-se um só sistema pantográfico – mas somente após um trabalho adicional de desenvolvimento ter sido realizado.

Havia outras diferenças entre os primeiros modelos de série do Countach e os protótipos. Numa tentativa de aumentar a resistência da carroceria, adotou-se um chassi tubular com o assoalho do carro feito de fibra de vidro para reduzir seu peso. O interior também ficou mais convencional: onde havia instrumentos eletrônicos futurísticos passou a haver mostradores e instrumentos mais convencionais.

O Countach tinha de ser muito mais utilizável do que o Miura, o que significava que mesmo a mais altamente desenvolvida versão do carro, o SV, tinha de ser muito melhorada. Não podia mais haver a tendência de elevação da frente a altas velocidades, e a tendência ao súbito sobre-esterço tinha de ser resolvida para que o carro pudesse fazer curvas de modo mais previsível. O calor e o barulho na cabine também precisavam ser muito reduzidos, enquanto o problema da dura troca de marchas tinha de ser resolvido.

Embora uma grande geração de potência pelo motor V12 fosse pré-requisito, o peso excessivo do Countach também tinha de ser reduzido a fim de proporcionar a melhor relação possível peso-potência. Isso se tornou uma obsessão para Paulo Stanzani; onde foi possível, ele substituiu aço por alumínio, além de limitar a quantidade de itens extras que podiam ser especificados. Em determinado momento, considerou-se também a possibilidade de utilizar alumínio aeronáutico, uma liga em geral reservada à indústria aeroespacial. Proporcionando uma tremenda resistência e uma impressionante leveza, poder oferecer o único supercarro do mundo feito com aquele material teria sido uma grande conquista para a Lamborghini, mas mesmo para um supercarro ultraexclusivo os custos eram demasiados. Havia também a questão de quem poderia reparar a carroceria em caso de colisão; tais problemas iriam afetar os fabricantes de supercarros duas décadas depois, com o advento da fibra de carbono.

Em sua busca por um carro o mais leve possível, no início o Countach apareceu repleto de peças fundidas com Elektron (uma liga de alumínio e magnésio desenvolvida para aviões, entre as guerras). Oferecendo um excelente equilíbrio entre resistência e leveza, a produção dessas peças era muito mais cara do que o recomendável, mas pensava-se que qualquer coisa que reduzisse o excesso de peso do carro valeria a pena. Todavia, não se conhecia o tempo de vida útil dessas peças, então, quando os primeiros exemplares de série do Countach saíram da linha de produção, já tinha havido uma troca por componentes de liga de alumínio mais barata.

Até o vidro era mais leve do que o padrão; enquanto as versões pré-produção do Countach vinham equipadas com o vidro de fabricação italiana Vecris, os carros de série tinham janelas feitas de um vidro mais leve, da empresa belga Glaverbel. Nesse ponto, o carro só seria útil àqueles que os usavam de acordo com o fim para o qual foram projetados, então, surgiu a ideia de que todos os compradores do Countach queriam a mesma coisa: desejavam um carro definitivo, projetado para o máximo desempenho. Embora o ar-condicionado fosse item opcional, esperava-se que ninguém jamais pedisse o acessório – é claro que as coisas se mostrariam muito diferentes, com a sorte da Lamborghini mudando quando o Countach chegou ao mercado.

À esquerda: Houve poucas mudanças estéticas entre este protótipo de 1973 e os primeiros carros de série.

Ferruccio cai fora

Desde quando foi obrigado a vender o controle da companhia, Ferruccio Lamborghini manteve os restantes 49% das ações. Durante dois anos, continuou lutando com os sindicatos para tentar manter os supercarros saindo aos poucos da linha de montagem, mas, com as dificuldades do setor industrial sendo um fator importante dos anos 1970, era inevitável que em algum momento ele acabasse caindo fora. Isso aconteceu em 1974, quando por fim se cansou de tentar tocar um negócio no qual não tinha voz ativa de fato – ainda que seu controlador estivesse sempre ausente e não tivesse real interesse no dia a dia dessa grande fabricante de supercarros.

A totalidade dos 49% de Lamborghini na empresa foi vendida a um amigo de Georges-Henri Rosetti, chamado René Leimer, que era

À esquerda: Ferruccio Lamborghini fez fortuna com tratores, e com isso pôde começar a construir supercarros.

também um industrial de relativa importância. Ao abdicar da participação na companhia, Lamborghini sentiu-se livre para aproveitar um estilo de vida mais sossegado, comprando um vinhedo. Sua propriedade foi batizada de La Fiorita, e ele cuidou dela até morrer, em 1993.

Embora vender sua participação na empresa tenha sido a melhor coisa que fez para preservar sua sanidade, isso também viria a selar a sorte da companhia que um dia foi dele. Como os novos donos pouco visitavam a fábrica, o gerenciamento cotidiano da empresa ficou prejudicado, o que acarretou sérias repercussões para a saúde da companhia e um grande rebaixamento de sua classificação de crédito, o que deixou os fornecedores reticentes e preocupados com a solvência da Lamborghini.

Mas, se 1974 pareceu um ano difícil, as coisas se tornariam bem piores em 1975. A ausência contínua dos proprietários da Lamborghini levou a todo tipo de problemas – exacerbados por uma quase completa falta de investimento. O importador americano foi trocado, numa tentativa de recuperação das vendas no mais importante mercado da Lamborghini, mas isso quase não fez diferença porque o verdadeiro problema não estava do outro lado do Atlântico.

A situação ficou crítica em 1975, com a saída de Paulo Stanzani e Bob Wallace. Eles mantiveram as coisas em ordem como podiam, mas era questão de tempo até que as pressões se tornassem fortes demais e eles fossem obrigados a pedir demissão. Com essas saídas, a Lamborghini tornou-se uma nau à deriva, percorrendo um caminho tortuoso até o final dos anos 1970. Essa foi a pior década da empresa, mas tempos melhores logo viriam.

Os testes de impacto do Countach

Embora bater um novo carro contra um enorme muro de concreto seja parte essencial do desenvolvimento de qualquer novo modelo do século 21, no início dos anos 1970, tais práticas estavam apenas começando. Em 1973, todo carro vendido na Europa tinha obrigatoriamente de passar por testes de impacto de nível básico, mas monitorava-se apenas o deslocamento da coluna de direção em um impacto a 48 km/h.

Em 1974, a Associação de Pesquisas da Indústria Automotiva (MIRA) submeteu um Countach a um teste de impacto, para que o carro obtivesse um selo E, o que permitiria sua venda em toda a Europa. O carro seria atirado por um motor de 3.350 cv contra um bloco de concreto de 110 toneladas, para se estabelecer qual seria o deslocamento da coluna de direção. Embora o carro estivesse completo, seu interior fora despojado de todo o acabamento. Seis câmeras de alta velocidade registraram os momentos finais do carro em direção à colisão. O resultado foi que a direção recuou mero 1,27 cm; e em seguida se retraiu de volta quase na mesma medida. Já a carroceria não se saiu tão bem na prova; embora tenha suportado muito bem o impacto, ela encolheu 48,2 cm. Ainda assim, as portas se abriam porque atrás das colunas não havia nada que pudesse ser deformado. Então, embora possa não ter tido freios ABS ou air bags, o Countach ainda era um carro muito seguro em caso de acidente. Apesar de tudo, isso nunca foi informado ao público.

Com a cruzada do ativista político e advogado Ralph Nader nos Estados Unidos contra a falta de equipamentos de segurança nos carros, os fabricantes de automóveis teriam de evitar que seus clientes acabassem morrendo em um acidente enquanto dirigiam seus carros. Para a Lamborghini, o Countach representava um problema incomum: as portas não abririam se um motorista negligente capotasse o carro. No início, a ideia de parafusos destacáveis do tipo aeronáutico foi considerada, mas logo descartada por ser muito complicada. A solução seguinte era bem mais simples: havia um par de pinos fixados a anéis de puxar (daqueles que há em granadas de mão). Localizados nas travas e dobradiças, ao puxá-los, as portas se separavam da carroceria, proporcionando uma rota de fuga de emergência. No entanto, a solução final – que foi incorporada aos carros de série – se revelou ainda mais simples. O para-brisa podia ser arrancado, presumindo-se que os ocupantes do carro estivessem em boas condições físicas para realizar o procedimento.

Abaixo: Deve ter sido uma dura experiência ver um Countach se esborrachar contra um bloco de concreto a 48 km/h.

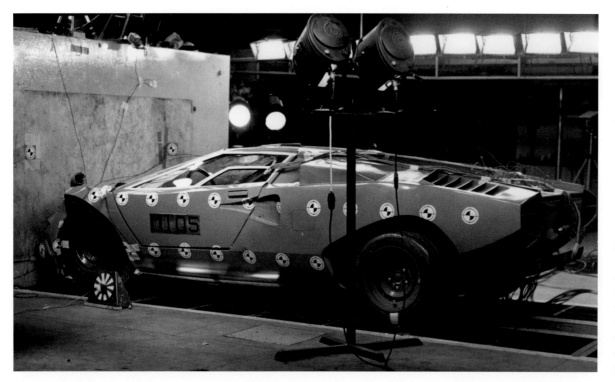

O LP400 parando o trânsito

Apesar de a Lamborghini ter dito que o Countach do Salão de Genebra de 1973 era uma versão do carro pronto para ser produzido, isso não era bem verdade. Embora completo, o primeiro Countach a ter de fato as especificações finais para venda ao consumidor surgiu apenas um ano depois, no mesmo evento. Nessa fase, ele tinha um limpador de para-brisa pantográfico de palheta dupla, além das modificações já citadas.

Foi divulgado que o carro tinha 375 cv, em teoria suficientes para levá-lo de 0-96,5 km/h em 6,8 segundos e atingir uma velocidade máxima de 304 km/h – dados que ninguém chegou a verificar oficialmente. Pesando apenas 1.199,7 kg e com tanta potência, havia boa chance de o carro atingir 272 km/h – mas 304 km/h era, com certeza, uma fantasia. Ainda assim, poucos compraram o carro por causa de sua velocidade máxima – as pessoas queriam mesmo era parar o trânsito toda vez que saíssem às ruas.

Embora pequenas modificações fossem feitas durante o desenvolvimento do Countach, o projeto mecânico permaneceu inalterado entre a chegada do carro

À esquerda: As peças de propaganda do Countach mostravam o quanto o carro intimidava, independentemente do ângulo em que fosse visto.

Abaixo: As linhas dos primeiros Countachs eram sem dúvida as mais puras.

LAMBORGHINI

À esquerda: Havia seis Webers de corpo duplo para alimentar o V12 de 4 litros.

Acima: A tampa do motor com aletas se tornava mais e mais deselegante a cada nova versão do Countach.

À direita: Essas tomadas de ar não estão aqui para efeito decorativo; sem elas o motor não respirava.

Abaixo: É aqui que a pureza do desenho inicial realmente se sobressai, sem arcos de para-lama ou estribos, nem aerofólio traseiro.

como conceito e seu surgimento como carro de série, três anos depois. A carroceria de alumínio (que tinha menos de 1 mm de espessura) era rebitada em um chassi de aço tubular e, como não havia planos de comercializar o carro nos Estados Unidos, a Lamborghini não se preocupou em equipá--lo com para-choques.

Muito tempo foi gasto para se conceber uma suspensão com uma configuração à altura de um carro de tão alto desempenho, razão pela qual um sistema de braços triangulares superpostos, de comprimentos desiguais, foi utilizado na dianteira. Para isso, houve uma combinação de molas helicoidais e amortecedores, aliados a barras estabilizadoras, enquanto os cubos das rodas eram de liga de alumínio.

Em cada lado da traseira, havia uma barra transversal superior com um braço tipo A inferior com seu ápice fixado ao chassi tubular e, ainda, um par de braços longitudinais que se estendiam para a frente, também fixados ao chassi; uma barra estabilizadora ajudava a manter a estabilidade nas curvas. Cada roda tinha um par próprio de amortecedores – Koni de liga leve regulável para compressão e tração.

MANTENDO A DIANTEIRA

À direita: As tomadas de ar salientes na traseira das portas são a principal diferença entre este LP400 inicial e o protótipo original.

Os primeiros anos do LP400 talvez tenham sido os piores para a Lamborghini, que enfrentou inúmeros problemas. Além de uma economia global em recessão, havia intranquilidade na indústria e uma crise do petróleo. O fato de os donos da empresa nunca aparecerem na fábrica não ajudava a situação, ao passo que uma completa falta de gerenciamento só poderia levar a um desfecho. Apesar de

À direita: Muito antes de se tornar moda, a Lamborghini já utilizava um par de canos de escapamento em seus carros.

63

LAMBORGHINI

No alto: O espelho retrovisor periscópico indica que este Countach foi um dos primeiros a ser fabricado.

Acima: Os indicadores e pisca-piscas foram colocados sob protetores, com faróis escamoteáveis acima deles.

todos esses problemas, as vendas do Countach continuaram em alta, com os carros vendidos muito antes de serem produzidos. Não fosse o Countach, a Lamborghini teria fechado as portas, porque este era o único modelo que a empresa conseguia vender. Os compradores não se importavam com a frequente desordem em meio à qual a Lamborghini produzia os carros – com certeza, eles não sabiam. O que realmente lhes importava era possuir um carro que seus amigos não tinham, e, com aquele ritmo baixo de produção, a exclusividade do modelo estava garantida. Apenas 150 Countach LP400 foram fabricados entre 1974 e 1978.

A imprensa testa o LP400

Talvez o fato mais interessante a respeito da cobertura do lançamento do LP400 tenha sido a negatividade do ambiente em que ele ocorreu. Ambas, *Motor* e *Autocar*, questionaram se aquele não seria o último dos supercarros, com a crescente redução dos limites de velocidade e uma legislação que ficava mais rígida. Enquanto a *Motor* apresentou o Countach já em outubro de 1973, a *Autocar* só publicou algo sobre o carro em junho de 1974. Mas as matérias foram meros comentários sobre o desenho e as especificações do carro; somente no final de 1975 a *Motor* viria a realmente testar o carro. Essa foi a primeira tentativa de lidar com o fato de o LP400 custar cerca de 18.000 libras – uma quantia enorme para a época. O argumento para justificar esse valor dizia que ele tinha rompido todas as barreiras – não um pouco, mas muito! O carro fazia curva, acelerava e freava como nenhum outro disponível a qualquer preço, com o motor V12 sendo simplesmente uma das maiores obras-primas de engenharia de todos os tempos. Apesar de novo, o carro testado pela *Motor* apresentou uma embreagem que patinava, mas assim mesmo conseguiu arrancar de 0 a 96,5 km/h em apenas 5,6 segundos; atingindo 160 km/h apenas 7,5 segundos depois.

No entanto, estava claro que a sugestão da Lamborghini de que o carro poderia chegar a 304 km/h era mesmo fantasia; num dia propício, ele poderia chegar a 280 km/h, segundo a *Motor*, ou talvez não... Mas não foram esses os resultados obtidos pela *Road & Track* quando testou o Countach em 1976; o LP400 mostrou ser o carro mais veloz já testado por ela, com a equipe de provas afirmando que ele teria alcançado 309 km/h. Mas o Countach ainda não havia entrado na lista dos dez carros favoritos da revista...

Acima: A imprensa britânica estava ansiosa pelo Countach, mas questionava sua relevância.

À esquerda: Esta foto de um LP400 sendo testado foi utilizada na capa da Motor, em 1975.

MANTENDO A DIANTEIRA

65

LAMBORGHINI

O Lamborghini Countach LP400 e seus concorrentes em 1975

Marca e modelo	Velocidade máxima (km/h)	0-96,5 km/h (segundos)	0-160 km/h (segundos)	0-402 m (segundos)	Consumo (km/l)	Preço total (libras)
Aston Martin V8	232	7,5	18,4	15,2	4,9	12.765
De Tomaso Pantera	254	6,2	15,3	14,4	5,5	7.283
Ferrari 365GT4 2+2	240	7,1	18,0	15,2	4,6	14.584
Jaguar XJ-S	245	6,9	16,9	15,2	6,5	8.901
Lamborghini Countach	280*	5,6	13,1	14,1	5,4	18.295
Maserati Bora	259	6,5	15,3	14,6	5,0	11.451
Mercedes-Benz 450SLC	217	9,0	23,2	16,9	5,9	11.271
Porsche 911 Turbo 3 litros	244	6,1	14,5	14,7	7,8	14.749

* Velocidade máxima estimada. Números da *Autocar* e *Motor*, exceto números de consumo de combustível do Countach, retirados da *World Cars* 1975, o que significa números declarados, e não testados.

Abaixo: Esta foto do interior do LP400 mostra bancos individuais em formato de concha com acolchoado pouco espesso e um console de instrumentos de largura incomum.

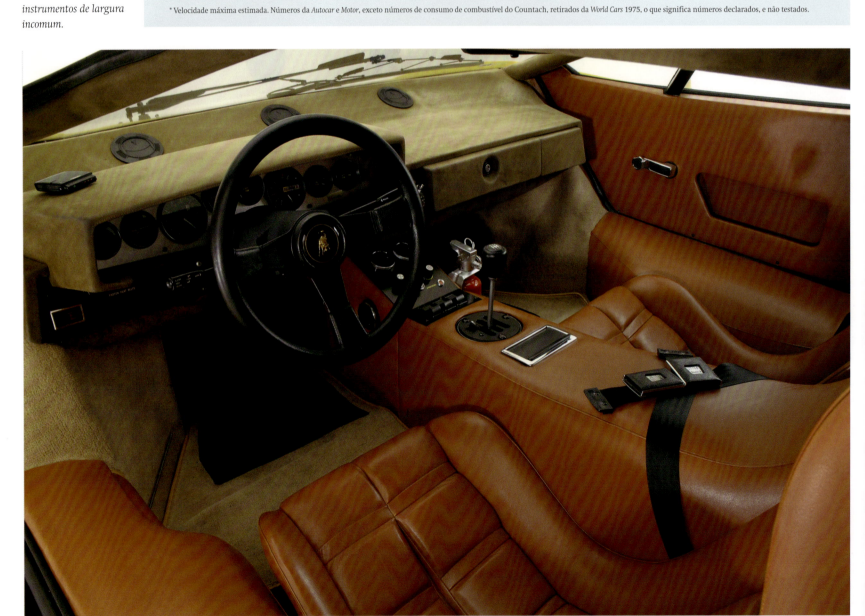

MANTENDO A DIANTEIRA

À extrema esquerda: Controles de aquecimento e ventilação.

À esquerda: O hodômetro estilo Halda é um acessório da época.

À esquerda: Embora a alavanca de câmbio esteja em italiano, os instrumentos têm marcação em inglês.

O P7 da Pirelli influencia o LP400S

Numa época em que os pneus eram produzidos sob medida para os carros mais exclusivos, parece incrível que um dos mais caros e eficientes supercarros tivesse de ser redesenhado em razão da disponibilidade de um novo pneu. Foi o que aconteceu com o Countach LP400S, pouco diferente de um LP400, mas com importantes revisões do chassi. Desenvolvido por Walter Wolf e Gianpaolo Dallara, o LP400S era o carro que o Countach deveria ter sido desde o começo; tinha, finalmente, o chassi adequado à potência disponível.

Em 1974, quando o primeiro Countach foi vendido, os engenheiros da Lamborghini queriam que ele tivesse pneus mais largos, de perfil mais baixo, para maior aderência e maior dirigibilidade. O problema era que não havia nenhum pneu de desempenho ultra-alto disponível, e os Michelin XWX já utilizados eram o que havia de melhor em tecnologia de pneus na época. No entanto, meses após a entrega do primeiro carro, a Pirelli anunciou o P7, um pneu que revolucionaria os carros de alto desempenho. De fato, o P7 era tão importante que Gianpaolo Dallara declarou que seu surgimento significava o maior avanço individual na história do automobilismo por livrar os projetistas de chassis de uma série de restrições. Exagero ou não, é uma questão em aberto, mas a Lamborghini precisava compreender do que o pneu era capaz antes de reprojetar seu carro mais veloz em função dele.

Os Michelin utilizados no LP400 eram 215/70VR14; os Pirellis nos LP400S eram 345/35VR15 na traseira e 205/50VR15 na dianteira. Embora a pegada de contato muito maior do novo pneu fosse suficiente para aumentar muito a eficiência do Countach, o chassi do LP400S sofreu também modificações significativas para receber o P7 – o que proporcionou níveis de aderência antes impensáveis.

Além dos novos pontos da suspensão aprimorados, os antigos braços triangulares foram substituídos por braços paralelos mais fortes, que também definiam um arco diferente. Na traseira, isso garantiu que não haveria mudanças de câmber, e a convergência também foi eliminada. As alterações na suspensão eram fundamentais, e as na direção também. Além de uma maior cremalheira da direção, havia barras de direção mais curtas, que foram reforçadas para que não se flexionassem. Havia também articuladores da direção redesenhados, que se movimentavam mais livremente por um arco vertical mais longo, resultando em uma ausência de esterçamento pelo curso da suspensão e uma notável redução de imprecisão de direção reta à frente – características que eram, em geral, parte essencial do ato de se dirigir um carro equipado com pneus P7.

Os freios já estavam bem dimensionados, mas aproveitou-se a oportunidade para aumentar o diâmetro dos discos em mais ou menos 12 mm. As pastilhas também foram aumentadas, enquanto as rodas de liga com cinco furos conduziam o ar para

LAMBORGHINI

resfriar os freios, minimizando o efeito de redução de frenagem por aquecimento.

A única mudança no interior foi a instalação de um ar-condicionado mais eficiente, enquanto o exterior sofreu poucas alterações. A principal foi o acréscimo de para-lamas maiores para cobrir os enormes pneus e a instalação de um pequeno defletor dianteiro sob a frente, o que gerava uma força para baixo suficiente para impedir a dianteira de se elevar em altas velocidades – um defeito do LP400. Um pequeno aerofólio traseiro podia também ser especificado, embora a Lamborghini não o recomendasse, já que não era realmente necessário com o defletor dianteiro como item de série. Os espelhos das portas foram levados um pouco mais para a frente, permitindo melhor visibilidade e aerodinâmica, e passaram a ter controle elétrico. Entre 1978 e 1982, a Lamborghini produziria 237 unidades do modelo LP400S.

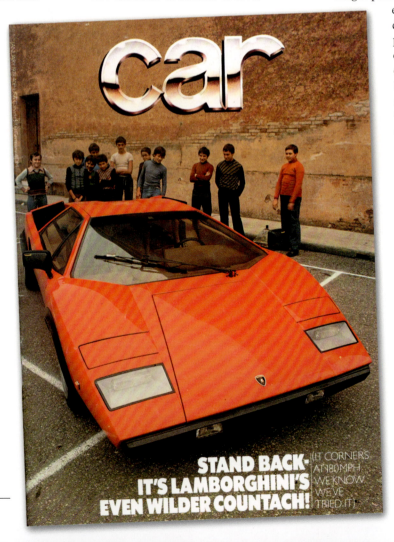

Abaixo: A revista Car *foi a primeira a testar o LP400S.*

A imprensa testa o LP400S

A primeira revista a testar as habilidades do LP400S foi a britânica *Car*, na edição de janeiro de 1978. "Ele faz curvas a 289 km/h: nós sabemos, nós o testamos", alardeava a manchete de capa. Talvez Dallara não tivesse sido tão impreciso, afinal, as alterações que puderam ser feitas no chassi do Countach tiveram muito mais relevância do que apenas acomodar pneus mais largos. Era óbvio que a condução estava mais firme do que antes, e a ausência de derrapagem nas curvas parecia surreal, com o carro capaz de executar curvas com tamanha determinação que havia o risco de o manual ter de ser reescrito. Não foi surpresa o veredito de que os concorrentes da Lamborghini nunca conseguiram chegar perto do Countach da primeira geração e levaria muito tempo até que o LP400S fosse ameaçado.

Quase um ano depois, a *Road & Track* dirigiu pela primeira vez o LP400S, mas esse exemplar era uma fera bem diferente, equipada com toda a parafernália de controle de emissões determinada pelas especificações dos Estados Unidos. Mesmo assim, isso não o impediu de se mostrar muito veloz – ainda que, apesar disso, os pilotos de prova achassem muito mais importante falar sobre a utilidade do carro do que a respeito de sua capacidade de gerar enormes forças G nas curvas. Enquanto o grande progresso pode ter passado despercebido pelos pilotos de prova da *Road & Track*, pelo menos os da *Sports Car World* conseguiram captá-lo, ecoando as impressões de Mel Nichols, da *Car*. Eles ficaram impressionados com a potência e consequente velocidade disponível – e sem surpresa, porque o carro conseguiu chegar a uma velocidade indicada de 320 km/h, graças ao diferencial mais longo. E lembre-se: em 1979, esse era um carro de passeio!

A falência bate à porta

Até 1977, os dois donos ausentes da Lamborghini nem podiam ser culpados pela má gerência da firma – afinal, não geriam nada de fato. Eles haviam conduzido a firma com um discreto distanciamento, sem envolvimento, mas em 1977 ficou claro que o arranjo não perduraria se alguma providência não fosse tomada. Com esse intuito, René Leimer conseguiu dois colaboradores que fariam o faturamento da Lamborghini aumentar bastante – ou assim ele esperava.

O primeiro projeto envolvia a BMW, que queria produzir seu primeiro supercarro, o M1. A empresa bávara estava em boa situação, seus carros eram muito procurados em todo o mundo, e ela queria consolidar seu sucesso com um carro com o qual pudesse competir no Grupo 4. Por causa da natureza desse veículo, ele seria o primeiro carro de linha a sair da divisão Motorsport da BMW. Mas, com a previsão de um número significativo de carros, o projeto era grande demais para a Motorsport, mas muito pequeno para as linhas de produção da BMW. Uma associação com a Lamborghini parecia ser a solução perfeita. Giorgetto Giugiaro apresentou um projeto e a Lamborghini foi solicitada para desenvolver o protótipo. A empresa de Sant'Agata obteve um bom empréstimo governamental e, graças à experiência acumulada com o Countach, o primeiro protótipo foi desenvolvido rapidamente. Por um breve período, tudo parecia ir bem.

Houvesse a Lamborghini se concentrado no projeto BMW, é provável que tivesse tirado o pé da lama. Em vez disso, Leimer assinou um contrato com o Exército dos Estados Unidos para desenvolver um veículo para todo tipo de terreno. Deveria ter cinco lugares e motor traseiro Chrysler de 5,9 litros V8, além de câmbio automático de três marchas. Embora Leimer considerasse que tal contrato seria o passaporte para um futuro estável da companhia, parece que não levou em conta que aqueles veículos não eram o forte da Lamborghini. Tente imaginar um carro bem diferente dos esguios supercarros mais comumente associados a Sant'Agata e você descobrirá o tipo que os militares americanos queriam.

Apesar de sua falta de experiência na área, a Lamborghini levou adiante o desenvolvimento de um protótipo e o Cheetah foi apresentado no Salão de Genebra de 1977. Tão logo foi exibido, ficou claro que o desenho do Cheetah havia sido tomado "emprestado" de outra empresa; no caso, o fora de estrada Ford XR 311. A companhia que havia contratado a Lamborghini para desenvolver o protótipo era a Mobility Technology International (MTI), e mesmo tendo sido ela a apresentar o projeto, ambas, Lamborghini e MTI, foram ameaçadas de uma ação judicial pela Ford. Embora o caso nunca tenha sido levado aos tribunais, ele prejudicou a reputação da Lamborghini – e desfavoreceu o obscuro desempenho do Cheetah, que não era digno de ostentar o nome da companhia.

Por ter-se concentrado no projeto do Cheetah, a Lamborghini gastou toda a verba tomada emprestada do governo italiano – e ficou sem recursos para desenvolver o M1. Leimer pediu dinheiro à BMW para desenvolver seu supercarro; a resposta foi inevitável. Quando a BMW cancelou o contrato, a Lamborghini ficou com dois projetos falidos – e sem faturamento.

No entanto, naquele momento, ainda havia alguma esperança porque Walter Wolf, fã da Lamborghini e dono de uma equipe de Fórmula 1, apresentou uma oferta para aquisição da empresa. Leimer continuou com sua forma indiferente de tocar a empresa e a oferta não vingou – em consequência, em agosto de 1978, a Lamborghini entrou em concordata. Pelas leis italianas, quando uma empresa sofre intervenção, seus donos ficam proibidos de ter qualquer envolvimento em sua administração. Considerando que as únicas decisões tomadas pelos donos da Lamborghini haviam sido péssimas, isso poderia ser uma boa notícia. No lugar de Leimer e Rosetti, ficou Ubaldo Sgarzi como diretor de vendas, enquanto Giulio Alfieri foi trazido de uma também bastante encrencada Maserati. O comissário da concordata designado para supervisionar o desenvolvimento do processo foi o grande entusiasta de automóveis e contador Alessandro Artese – o que se revelaria providencial.

Essa mudança nas circunstâncias melhorou as perspectivas da empresa, mas havia ainda um longo caminho a percorrer. Em determinado momento, a Aston Martin andou interessada, mas as negociações não frutificaram – talvez tenha sido algo bom, considerando a encrenca em que a companhia britânica se meteria logo depois. Havia também vários indivíduos e pequenos grupos interessados em controlar a Lamborghini, a maioria deles da Alemanha.

Hubert Hahne era importador da Lamborghini e tinha um contato chamado Raymond Neumann, a quem apresentou Alessandro Artese. Depois de muitas conversas, Neumann (como presidente) e Hahne (como diretor de produção) foram encarregados de tocar a Lamborghini com Klaus Steinmetz como diretor de projetos. Infelizmente, não demorou até que Artese percebesse que Neumann estava apenas procurando ganhar dinheiro de forma rápida e fácil; ele iria tirar da companhia tudo o que ela tinha de valor e então fechá--la. Neumann e seus sócios foram postos para fora e a Lamborghini entrou em liquidação.

No alto, à direita: O conceito BMW turbo de 1972 foi o carro que deu início à produção do M1.

Acima e acima à esquerda: A decisão de construir o M1 da BMW ajudou a levar a Lamborghini à bancarrota.

À esquerda: O projeto Cheetah selou o destino da Lamborghini; a companhia não tinha dinheiro para desenvolvê-lo.

LAMBORGHINI

À direita: Walter Wolf na época em que era dono de uma equipe de Fórmula 1.

Os carros de Walter Wolf

Embora Walter Wolf quase tenha adquirido a Lamborghini inteira no final dos anos 1970, sua tentativa frustrada significou que ele teria de se contentar em possuir apenas uma série de modelos Countach – com um ou dois Miuras anteriores. Ainda assim, não eram maus prêmios de consolação...

Industrial de origem eslovena, Wolf havia se estabelecido no Canadá. Com uma vasta fortuna, ele resolveu tornar-se proprietário de uma equipe de Fórmula 1, e o meio de transporte que escolheu para ir sempre de um circuito de corridas a outro foi um Countach. Durante os anos 1970, teve pelo menos quatro versões especiais do Countach produzidas conforme suas próprias especificações, embora o primeiro exemplar não fosse muito diferente do LP400 normal. Com chassi número 112 0006, na cor branca, e entregue em setembro de 1974, este primeiro carro era de série em boa medida, exceto pelo acréscimo de um aerofólio na borda traseira do teto. Talvez um fato mais significativo seja que este carro tenha sido apenas o terceiro Countach produzido.

Devido à natureza do Countach, de produção manual com baixos volumes, a Lamborghini estava bem posicionada (e muito contente) para produzir edições por encomenda, de acordo com exigências específicas. Em consequência, o segundo Countach de Wolf, entregue em 1975, ficou um pouco mais radical. De chassi número 112 0148, este veículo era também um LP400, mas desta vez na cor vermelha e com um aerofólio traseiro ajustável. Este carro, como os dois seguintes, foi desenvolvido por Gianpaolo Dallara, que havia voltado a trabalhar na Lamborghini como consultor. Embora fosse um LP400, o carro tinha um motor de 5 litros, emprestado a Wolf pela fábrica da Lamborghini. Com bem mais potência do que os modelos de série, os pneus tiveram a largura aumentada (e também as rodas Campagnolo), e abas de para-lamas mais largos foram adaptadas para acomodá-los. Havia também um aerofólio preto dianteiro para melhorar a aerodinâmica; já a cabine foi mantida de série, exceto por um volante redesenhado e a colocação de um extintor de incêndio.

O carro seguinte, produzido em 1976, era pouco mais que uma versão mais nova do Countach anterior de Wolf, com cores diferentes. De chassi nº 112 0202, este LP400 recebeu acabamento nas cores da equipe de Wolf, azul-metálico com detalhes dourados. O motor de 5 litros do especial anterior foi mantido e, em vez de um aerofólio traseiro ajustável, seu ângulo tornara-se eletricamente regulável do interior da cabine. Como se o carro não fosse atraente o bastante, Wolf optou por alguns decalques extras: em cada farol havia uma bandeira do Canadá, enquanto o painel traseiro ostentava o logotipo de sua equipe. Então, para o caso de ninguém notar sua presença, o conjunto foi coroado com um sistema de microfone e alto-falante incorporado – elegante...

O último especial de Wolf se baseou no primeiro LP400S de série, mostrado pela primeira vez no Salão de Genebra de 1978, mas não com as especificações do que seria entregue a Wolf. Com o chassi nº 112 1002, este carro foi entregue no final daquele ano; Wolf havia conseguido fazer seu primeiro Countach durar duas temporadas inteiras! Pelo fato de este carro ter sido baseado no LP400S, apresentava todas as modificações daquele modelo em relação ao seu antecessor LP400. É claro que isso ainda não era o suficiente para Wolf, que optou por um sistema de freios com pinças de oito pistões e uma embreagem melhorada, além de uma caixa de direção mais rápida. Para completar, o equilíbrio do freio era ajustável do interior da cabine, e o esquema de cores de novo azul-escuro e dourado para promover sua equipe de corridas.

De mal a pior

Embora a Lamborghini tenha sido obrigada a entrar em liquidação após a frustrada tentativa de tomada de seu controle por Raymond Neumann, ela continuou operando da melhor forma que podia. A empresa recebeu um impulso na estreia do Athon, baseado no Silhouette de Bertone, no Salão de Turim de 1980. O modelo passou uma boa impressão da Lamborghini e mostrou que a companhia ainda não estava acabada – embora ela não tivesse nenhum envolvimento no desenho ou na produção do Athon. Isso, contudo, não era o bastante para resolver seus enormes problemas – não havia ainda compradores comprometidos e a empresa estava sem dinheiro.

Acima: As coisas melhoraram para a Lamborghini. Aqui, a produção do Countach QV estava a todo vapor.

À esquerda: O Bertone Athon com o emblema da Lamborghini.

LAMBORGHINI

Acima: As prateleiras estão vazias, mas a produção do Countach prossegue assim mesmo...

À direita: O Jalpa era um Urraco/Silhouette readaptado, mas mostrou que a Lamborghini ainda estava viva.

A maioria das empresas teria afundado, mas havia alguns empregados de valor determinados a prosseguir da melhor maneira que pudessem. O verdadeiro problema estava no nível de endividamento da Lamborghini. Neumann havia vendido sua participação acionária com grande lucro a Zoltan Rety, que acreditava poder endireitar a companhia. Então, percebeu quanto dinheiro teria de desembolsar apenas para que a empresa saísse da posição de devedora, e logo desapareceu.

Mas ainda havia um resquício de esperança. Dois dos revendedores Lamborghini italianos imaginaram uma maneira de manter a fábrica funcionando, ainda que fosse só para ganhar tempo. Como estava em processo de liquidação, ela não podia comprar peças dos fornecedores e, dessa forma, não havia produção de carros. No entanto, se a Emilianauto de Bolonha e a Achilli de Milão fizessem o pagamento antecipado dos carros, alguns veículos podiam ser fabricados, o que manteria a fábrica em atividade. A empresa ganhou mais um impulso com um contrato de serviços, que a Fiat ofereceu, de inspeção de muitas de suas 147 fábricas brasileiras. Mas nada disso bastou para impedir que, em 28 de fevereiro de 1980, a Lamborghini fosse declarada insolvente. Todavia, isso não fez diferença, e a produção continuou aos poucos, da mesma forma que antes. Enquanto a Lamborghini parecia acabada para os que estavam de fora, a salvação estava ao virar a esquina...

A vez dos Mimrans

Após anos entre uma crise e outra, uma luz no fim do túnel se acendeu para a Lamborghini, na pessoa de Patrick Mimran, um francês de 24 anos, herdeiro de uma enorme fortuna. Mimran não era apenas um apaixonado por carros, ele tinha uma visão realista a respeito das perspectivas da empresa – e, mais importante, tinha o dinheiro necessário para saldar as enormes dívidas da Lamborghini. Ele apresentou-se poucas semanas após a companhia ter sido declarada insolvente e, em julho de 1980, fundou a Nuova Automobili Lamborghini SpA. Patrick tornou-se presidente, auxiliado pelo irmão Jean-Claude, de 35 anos. Um amigo da família foi contratado para cuidar do dia a dia da empresa. Tratava-se de Emile Novato e, com ele no comando, além de um bom aporte de capital feito pela família Mimran, as coisas começaram a melhorar.

Embora os Mimrans só iniciassem seu envolvimento com a empresa em julho de 1980, em meados de 1981 já haviam criado dois novos carros para estrear no Salão de Genebra. Nada novo, já que o Jalpa derivava do Silhouette (por sua vez, baseado no Urraco), e o LM001 era uma evolução do Cheetah. Esses carros foram melhorados antes de serem colocados à venda. Quando chegaram às lojas, algo mais importante havia acontecido: a família Mimran assumira o controle absoluto da empresa, em 23 de maio de 1981; daí em diante Sant'Agata passou a experimentar certa estabilidade.

Ao longo dos anos 1980, os Mimrans se dedicaram a melhorar a qualidade e a produtividade em Sant'Agata; também desenvolveram com determinação os poucos produtos que tinham para mostrar que a companhia estava de pé e bem. Embora o fora de estrada LM fosse entrar em produção mais tarde, a empresa se concentrou no Countach e no Jalpa, com 160 unidades daquele e cerca de 200 deste produzidas em 1985 – números muito além daqueles vergonhosos de apenas cinco anos antes.

Parte do motivo do aumento na produtividade foi um investimento na fábrica, com muito dinheiro gasto em maquinário controlado por computadores para a produção de virabrequins e outros componentes do motor. Houve também um aumento na força de trabalho; enquanto havia 245 funcionários no início de 1985, no final do ano esse número havia aumentado 10%. Quando os Mimrans compraram a Lamborghini, a fábrica ocupava uma área de 17.500 m²; na metade dos anos 1980, já ocupava 22.500 m². Houve também uma firme evolução do Countach e do Jalpa, para que pudessem atender a regulamentações globais mais rigorosas. É uma suposição razoável que, se os Mimrans não tivessem entrado na empresa, a Lamborghini não teria sobrevivido – e sem seu investimento, ela não teria sido uma opção tentadora para compradores futuros.

Acima: O Cheetah evoluiu para o LM001 – mas ainda era um carro de passeio pouco prático.

Abaixo: No exterior, o LP500S pouco se distinguia de seu antecessor.

Reformulações de motor para o LP500S

Quando o Countach LP500S estreou no Salão de Genebra de 1982, a imprensa mundial podia muito bem ter sido perdoada por não lhe ter dado atenção. Sem destaque em um salão cheio de atraentes Mercedes e Porsches, não adiantava fazer muito alarde para anunciar a chegada do Countach de 5 litros pronto para entrar em produção – o que havia levado mais de uma década para ficar pronto. E ele não era de fato um carro com motor de 5 litros, porque seu deslocamento era de apenas 4,8 litros, ou 4.754 cm³.

A família Mimran, que assumira o negócio para salvar a empresa, percebeu que era preciso mostrar ao mundo que os modelos da Lamborghini continuavam em desenvolvimento; mesmo que as modificações fossem pequenas, isso mostraria que a companhia estava viva. Por isso, o LP500S era muito parecido com seu antecessor, mas o motor reprojetado significou um importante passo adiante.

O segredo foi o aumento na potência em baixa rotação aliado a uma melhora na economia de combustível. Com consumo usual de apenas 5 km/l, havia muito que melhorar! Na época, Giulio Alfieri, diretor-técnico da Lamborghini, havia considerado a turboalimentação do motor, além de equipá-lo com injeção direta, mas descartou ambas as ideias por não considerá-las adequadas ao

LAMBORGHINI

ganho de eficiência que ele queria. A resposta estava no aumento do diâmetro do cilindro de 82 mm para 85,5 mm, além de elevar o curso de 62 mm para 69 mm, para chegar à capacidade de 4.754 cm³. Algo incomum, ele também reduziu a taxa de compressão de 10,5:1 para 9,2:1, e aumentou a relação da última marcha de 0,775:1 para apenas 0,707:1. Enquanto tudo isso ajudava a reduzir o consumo de combustível, houve também um aumento no tamanho dos carburadores Weber; no lugar dos seis anteriores Weber 40 DCOE, havia agora seis 45 DCOE.

O resultado de todas essas modificações foi um aumento de 25 cv na potência, chegando a 375 cv. O importante, contudo, é que se chegava a isso a apenas 7.000 rpm – um decréscimo de 500 rpm nos números anteriores. Também tão importante quanto isso foi o aumento de 14% no torque máximo, para 41,8 mkgf, agora disponível a

Acima: O chassi leve do LP500S.

À direita e à extrema direita: Os compartimentos de bagagem dianteiro e traseiro de um LP500S especificado para o mercado americano, com o nome 5000S.

O Lamborghini Countach LP500S e seus concorrentes em 1982

Marca e modelo	Velocidade máxima (km/h)	0-96,5 km/h (segundos)	0-160 km/h (segundos)	0-402 m (segundos)	Consumo (km/l)	Preço total (libras)
Aston Martin Vantage	272*	5,4	13,0	13,7	4,7	42.499
Ferrari 512BB	261	6,2	13,6	13,6	5,5	41.860
Jaguar XJ-S HE	245	6,5	15,7	14,9	5,6	19.708
Lamborghini Countach	262	5,6	12,9	14,0	5,6	49.500
Lotus Esprit Turbo	236	6,1	17,0	14,6	6,3	18.407
Maserati Khamsin	256	6,5	15,1	14,8	5,0	29.900
Maserati Kyalami 4.1	235*	7,6	19,9	15,8	5,4	25.998
Maserati Merak SS	229	7,7	20,3	15,8	6,3	18.987
Porsche 911 Turbo 3.3	259	5,1	12,2	13,4	5,8	29.250
Porsche 928S	243	6,2	15,3	14,3	6,2	25.551

* Velocidade máxima estimada. Números sobre desempenho da *Autocar*

4.500 rpm – 1.000 rpm menos que antes. Apesar desses ganhos, o consumo médio de combustível passou a ser de 5,3 km/l – não tão parcimonioso, mas 20% mais frugal do que antes.

Fora as mudanças no motor, houve poucas modificações no LP500S. Um acolchoamento extra adornava o painel, e os interruptores ficaram retraídos, mas não era fácil notar as diferenças entre um LP400S e seu irmão mais novo. Talvez não tenha havido mudanças cosméticas para distingui-los na esperança de que os compradores optassem pelo LP400S, que continuaria sendo fornecido ao lado do carro com motor de 4,8 litros. Mas, quem decidisse comprar um novo Countach, o faria por desejar o supercarro mais recente – então, dificilmente optaria pelo mais inferior das duas versões oferecidas. Os números da produção comprovam: entre 1982 e 1985, a Lamborghini entregou 321 exemplares do LP500S.

À esquerda e abaixo: O compartimento do motor e o interior de um LP500S nos padrões do mercado americano, ou 5000S, como é chamado nos Estados Unidos.

LAMBORGHINI

O Quattrovalvole mais refinado

Nesta página: Catálogos de venda da fábrica mostravam que o Countach não perdeu nem um pouco de seu apelo emocional com a chegada dos cabeçotes de quatro válvulas.

Em 1984, com o lançamento da Testarossa da Ferrari, a Lamborghini teria de mostrar algo muito especial para manter a dianteira. Desde o lançamento do Countach original, a Boxer da Ferrari veio e se foi – e agora havia o supercarro novo do Cavalo Empinado, com um motor de 5 litros, 12 cilindros horizontais opostos com quatro válvulas por cilindro. O pessoal de Sant'Agata não podia ficar para trás, razão pela qual o LP500S QV foi lançado no Salão de Genebra de 1985. QV significa *quattrovalvole*, ou "quatro válvulas" – a quantidade delas em cada câmara de combustão. Mas esse era apenas o começo da história, já que houve um grande aumento de cilindrada – a Lamborghini queria muito manter o Countach adiante da Testarossa em todos os aspectos. Por isso, ele tinha uma cilindrada maior, mais potência, torque extra e, por consequência, uma velocidade máxima maior. Isso a despeito de o coeficiente de arrasto permanecer alto, 0,42 – quando deveria ficar próximo a 0,3. O Countach tinha uma construção muito mais complexa (e, portanto, mais cara) do que seu concorrente de Modena. É por isso que os compradores da Lamborghini tinham também de pagar um extra de 10% sobre a

Testarossa em relação ao Countach. Ainda assim, 618 unidades do Quattrovalvole foram vendidas entre 1985 e 1988.

Com apenas 375 cv disponíveis no LP500S, a Lamborghini precisava de uma solução de impacto para aumentar bem os níveis de potência se quisesse ficar à frente da Ferrari. A superalimentação foi considerada e logo descartada, pois era desnecessária caso o curso fosse aumentado, os dutos de admissão modificados e carburadores diferentes instalados. Os tradicionais DCOE foram substituídos por unidades DNCF. Isso exigiu uma protuberância na tampa do motor, para aumentar o espaço, que reduziu mais ainda a visibilidade. O resultado foi um aumento da potência para 455 cv – suficiente para elevar a velocidade máxima a 296 km/h, reduzindo o tempo de 0-100 km/h para apenas 5,2 segundos.

Embora a colocação dos cabeçotes de quatro válvulas no Countach fosse mais uma questão de estar na dianteira do que qualquer outra coisa, o QV não era apenas uma versão mais veloz do LP500S. Ele era mais eficiente, de visual mais límpido e mais manobrável graças a aprimoramentos no conjunto motopropulsor. Mas um dos maiores avanços foi no refinamento: embora a visibilidade ainda fosse ruim, pelo menos não era necessário usar protetores de ouvido em longos trajetos em altas velocidades!

Testando o QV

"O quattrovalvole Countach é o supercarro vencedor." Assim escreveu a *Autocar* quando testou o novo Lamborghini, em maio de 1985. A Ferrari havia sido vencida, graças a um carro que foi um verdadeiro avanço em relação ao LP500S – um carro ícone que não estava pronto para ser desbancado. Mais uma vez, ele se tornou o carro mais veloz que a revista já havia testado – apesar de ter sido concluído pouco antes do teste. Embora tenha percorrido apenas alguns quilômetros, o QV conseguiu completar a arrancada de 0-96,5 km/h em apenas 4,9 segundos, antes de atingir uma velocidade máxima de 285 km/h. Mas o mais impressionante de tudo era a flexibilidade do conjunto: bastava acelerar de pouco menos de 48 km/h em quinta marcha e o carro simplesmente retomava, sem nenhuma dificuldade.

Acima: O QV se parecia com o LP500S, exceto pela protuberância na tampa do motor.

À esquerda: O interior do QV também foi mantido sem alterações.

LAMBORGHINI

À direita: O QV causou um grande alvoroço na imprensa; os leitores da *Autocar* também receberam um teste do Granada para ajudá-los a estabilizar a pressão sanguínea.

Nos Estados Unidos, a coisa foi mais ou menos igual. Mel Nichols dirigiu um carro com as especificações americanas para a *Automobile*, embora o teste tenha sido realizado nas ruas de Modena. Apesar de ser um modelo com catalisador e injeção eletrônica com meros 420 cv, Nichols conseguiu levar a fera à honrosa velocidade indicada de 293 km/h – apesar de a Lamborghini dizer que o carro não se prestava a velocidades máximas superiores a 290 km/h. Tudo isso de fato foi muito impressionante, mas logo acabou a graça; no tráfego urbano, o QV não teria um consumo melhor que 2,1 km/l. Assim, não é de estranhar que o carro fosse popular entre os sheiks do petróleo.

O Lambo Rambo

Qualquer um imaginaria que, após o envolvimento da Lamborghini no fiasco do Cheetah, a última coisa a se fazer seria participar de outro projeto para construir um fora de estrada. No entanto, com muito tempo, esforços e dinheiro já investidos no projeto, fazia algum sentido que esse investimento fosse feito para dar lucro – em especial quando o Exército sírio demonstrou algum interesse no projeto, pretendendo fazer uma grande encomenda. A chegada dos Mimrans em meados de 1980 ressuscitou o projeto, resultando no lançamento do LM 001 (Lamborghini Militaria 1) no Salão de Genebra. Naquele estágio, o carro ainda não tinha portas e estava equipado com um motor traseiro Chrysler V8 de 5.898 cm³, mas a ideia era utilizar o próprio V12 e ter uma cabine fechada. O painel todo seria tão plano quanto possível, a fim de permitir a colocação de chapas de blindagem da maneira mais fácil e pelo menor custo.

Embora o LM 001 tenha mostrado que a Lamborghini estava viva e bem, o veículo era claramente um começo não muito

À direita: O Quattrovalvole havia se tornado uma paródia do carro mais moderno, com o aerofólio traseiro e aquele conjunto de carroceria atraente.

brilhante. O asmático V8 não gerava muita potência, com seus parcos 183 cv, ao passo que a distribuição de peso era inadequada porque o motor ficava na traseira. A saída foi instalar o V12 da Lamborghini na versão 4,75 litros na dianteira do carro, mas posicionado bem atrás, a fim de melhorar a distribuição de peso. Isso, é claro, exigia um redesenho completo do projeto, mas dava também a oportunidade de se aprimorar a rigidez da carroceria e sua resistência. A mudança do motor para a dianteira possibilitava ainda acomodar até seis passageiros na caçamba, além de outros cinco na cabine. Em seu novo formato, o carro surgiu em 1982 e ficou conhecido como o LMA (o "A" significando *anteriore*, ou "dianteiro") – tornando-se depois o LM 002. Foi com uma versão de 5.167 cm³ do V12 – como a que equipava o Countach – que o LM 002 passou a ser comercializado, em 1986, sobrevivendo até 1991, embora a produção fosse sempre de poucas unidades.

Houve, durante um breve período, um carro de 3,6 litros na prancheta, com um motor turbodiesel VM. Denominado LM 003, foi abandonado porque o motor não tinha potência suficiente para mover um carro de 2,6 toneladas às velocidades requeridas de um veículo militar. Com isso, o derivado LM final, que surgiu em 1983, denominado LM 004, tinha um motor V12 de 7,3 litros. Embora possa parecer que esta era apenas uma versão maior do clássico Lamborghini V12, tratava-se de um motor diferente, desenvolvido no início dos anos 1970 para uso marítimo. Fisicamente maior que o V12 anterior, o novo motor tinha quatro árvores de comando de válvula e seis carburadores Weber, e gerava 420 cv a 5.400 rpm, com um torque declarado de 60,1 mkgf a 3.500 rpm.

Fossem os carros encomendados com motor V12 de 5,2 litros ou de 7,3 litros, eles eram iguais. A estrutura principal era um chassi tubular, no qual se fixava a suspensão de molas helicoidais independente. Pela primeira vez, um Lamborghini tinha freios a tambor, mas apenas nas rodas traseiras; nas dianteiras havia discos ventilados. Para a carroceria, usou-se alumínio e fibra de vidro, e a cabine era revestida de couro, com detalhes adicionais de madeira. Embora os protótipos tivessem câmbio automático de três marchas, os carros de série foram equipados com câmbios ZF de cinco marchas e caixa de transferência de duas reduções. Havia tração nas quatro rodas e, para garantir que o carro não ficasse sem combustível, o tanque comportava 242 litros. Bem, pelo menos o tanque era de 242 litros no caso dos carros com motor de 5,2 litros. Os mais abastados, que podiam pagar por um modelo com motor de 7,3 litros, contavam com um tanque de 265 litros. Seria acaso alguma surpresa que o LM fosse muito vendido aos sheiks do petróleo, que podiam abastecê-los em seus próprios quintais?

Acima: O LMA, que precedeu o LM002.

À esquerda: A versão final LM002, que viria a sair das linhas de produção.

O Countach MPV

Embora os veículos multiuso (MPV, sigla de multi-purpose vehicles) não tenham se firmado antes do final do século 20, a casa de projetos italiana Bertone teve a brilhante ideia de criar um veículo de transporte de pessoal no final dos anos 1980 – com um motor Countach. E por que não, se os carros-conceito são muito irrealistas e, por consequência, destinados ao esquecimento tão logo um salão de automóveis se encerra?

O problema era que, se um MPV tivesse de ser prático, a criação de Bertone deixava muito a desejar nesse atributo. Batizado de Genesis e apresentado no Salão de Turim de 1988, a criação tentou fazê-lo uma mercadoria atraente.

O Genesis, com certeza, chamava a atenção com seu estilo inteiriço, pintura vermelha e uma grande área envidraçada. No entanto, talvez o aspecto mais surpreendente fossem as portas no estilo asa de gaivota, que eram articuladas para baixo a partir do centro do para-brisa, com as portas propriamente ditas contendo, cada uma, uma metade do para-brisa. Com um perfil diferente, de cunha, na dianteira, o Genesis foi uma espécie de revelação – como disse a revista *Autocar*.

Mesmo que Bertone não quisesse ter desenhado um carro do tipo do Genesis, a maioria dos observadores o chamava de minivan. O problema era que, já nesse estágio, um bom carro dessa categoria deveria ter até sete lugares – e o Genesis acomodava apenas cinco passageiros. Isso significava que não era mais útil do que um carro utilitário de bom tamanho – mas quantos desses podiam oferecer um motor V12 de 5,2 litros e 455 cv?

Com um comprimento total de 4,47 m, era compacto – mas, por conta de seus 2,06 metros de largura, tinha as dimensões laterais muito avantajadas. Pelo menos, não era tão alto, com apenas 1,52 m – afinal, deveria ser um MPV esportivo.

Quem subisse a bordo de um Genesis teria o conforto de bancos semirreclináveis – mas ainda um tanto altos, o que proporcionava aos passageiros uma visão de um ângulo muito alto do entorno. Com dois bancos individuais na frente e outros três atrás, havia espaço suficiente para cinco pessoas. O banco do passageiro dianteiro também podia girar 180º, ficando de frente para os bancos traseiros, e graças à grande largura do carro, havia muito espaço interior. Curiosamente, os bancos dianteiros ficavam mais ou menos sobre o motor, o que deve ter causado todo tipo de problema de manutenção. Mas Nuccio Bertone tinha uma resposta para isso: "Estou convencido de que – num futuro próximo – a confiabilidade será tanta que não teremos mais necessidade de acesso fácil ao compartimento do motor. Carros serão como geladeiras; funcionarão durante anos a fio sem necessidade de manutenção". Hum, um motor Lamborghini V12 sem necessidade de manutenção por dezenas de milhares de quilômetros? Otimista demais!

À direita e ao centro: O perfil de "caixa" do Genesis era o de um típico MPV, mas a mecânica, não.

Abaixo: As portas dianteiras do Genesis eram ainda mais estranhas que as do Countach.

Para entrar, havia as enormes portas asa de gaivota que davam acesso aos bancos dianteiros, e uma porta convencional deslizante (somente no lado direito) para os passageiros do banco traseiro. Uma porta traseira toda de vidro dava acesso ao porta-malas, sob o qual havia um grande para-choque incorporado à carroceria, que não era incompatível com detalhes de estilo. Na verdade, as formas eram muito suaves, apesar de suas grandes dimensões.

O Genesis pode ter sido equipado com um potente motor V12 de 455 cv, mas corria o risco de se equiparar a um carro de entregas, devido à sua falta de desenvolvimento. Não só o conceito pesava quase duas toneladas, como sua relação era inadequada, demasiado longa para permitir uma aceleração forte o suficiente. Com um câmbio automático de três marchas, a transmissão não era bem a de um carro esportivo – o que anulava a pretensão desse veículo multiuso "esportivo".

Como se a falta de desempenho já não fosse um desapontamento, o chassi nunca foi construído de forma adequada, de maneira que nada funcionava como deveria. Os freios eram razoáveis, mas a suspensão inapropriada para o tamanho do carro e a distribuição de peso. O resultado foi um carro que sacudia e dançava pela pista, perturbado com a menor imperfeição que houvesse no asfalto.

É claro que aquela dinâmica pobre poderia ter sido melhorada com um desenvolvimento adequado, mas o Genesis nunca foi destinado a ser um carro de passeio bem resolvido. Afinal, ele pode ter parecido bom e ampliado as fronteiras do estilo, mas como alguém poderia ganhar dinheiro fazendo uma minivan com um motor V12?

À esquerda: A frente inteira se abria para permitir a entrada no Genesis.

À esquerda: Ele pode ter sido um multiuso, mas oferecia apenas cinco lugares.

À extrema esquerda: O V12 na dianteira do Genesis exigiu um enorme túnel entre os bancos dianteiros.

LAMBORGHINI

À direita e abaixo: O Countach acrescentava um toque de glamour a qualquer produto associado a ele.

O Countach na propaganda

Se alguém quisesse dar um toque de emoção às suas peças publicitárias nos anos 1980, nada melhor do que usar um Countach. Desejando igualar a imagem do carro de altíssimo desempenho à de seus produtos de áudio, a Alpine sempre associou a Lamborghini e seus carros a seus anúncios – com os produtos da empresa japonesa também instalados como itens de série nos carros de Sant'Agata. O primeiro Lamborghini a figurar em uma campanha publicitária da Alpine foi o Countach, no início dos anos 1980. O Diablo daria continuidade a essa associação mais de uma década depois.

A Pirelli, ansiosa por divulgar sua cooperação com a Lamborghini, utilizou um Countach para promover suas séries de pneus P7 e P8 durante os anos 1980. Como fazia a Alpine, os anúncios da Pirelli eram veiculados nos dois lados do Atlântico. Outra empresa que mostrou um Lamborghini em seus anúncios foi a Trio (depois incorporada pela Kenwood), que usou a maravilha para chamar a atenção para seus equipamentos de som em meados dos anos 1980.

A Chrysler compra a Lamborghini

Em 1987, acreditava-se que o futuro da Lamborghini estivesse garantido quando uma das maiores companhias automobilísticas assumiu seu controle. Afinal, se a Chrysler não tivesse a envergadura financeira necessária para dar estabilidade à Lamborghini, quem mais teria? A questão não era o dinheiro disponível, mas, sim, o gerenciamento direcionado – algo que faltava à Chrysler. Após comprar a Lamborghini por cerca de US$ 30 milhões, a gigante americana não sabia o que fazer com a empresa italiana e não ofereceu nenhum compromisso financeiro real. Foi algo parecido como adquirir uma empresa por capricho. Com gastos anuais em torno de US$ 3 bilhões, absorver a empresa italiana representava um custo menor do que o de uma só campanha publicitária nos Estados Unidos.

Justiça seja feita, a Chrysler financiou o desenvolvimento do Diablo no valor de 27 milhões de libras e investiu na fábrica, que cresceu de 22.500 m² para mais de 25.000 m². Todavia, apesar do investimento financeiro, a Chrysler nunca adotou uma visão de longo prazo. Por isso, a companhia americana gostava de pedir socorro financeiro quando as metas de vendas não eram atingidas. Nesse estágio, a Chrysler já havia encerrado o projeto de seu pequeno carro movido por um V10, que deveria ser um concorrente direto da Ferrari 348. Quando isso ocorreu, passaram-se outros quinze anos até a Lamborghini apresentar um concorrente do carro básico de motor central da Ferrari, na época o 360M.

Quando a Chrysler comprou a Lamborghini, o carismático Lee Iacocca dirigia o enorme conglomerado americano. Um de seus braços direitos era o também carismático Bob Lutz, que estava ávido por expandir os horizontes da Chrysler para muito além do que ela estava acostumada a ir. Sendo imigrante italiano, Lee Iacocca nunca entendeu por que marcas como Lamborghini e Maserati (da qual a Chrysler também detinha uma participação) não eram bem mais veneradas. Como disse Iacocca na época: "O Countach é o melhor importado italiano desde quando minha mãe chegou aos Estados Unidos."

Logo depois da aquisição, Lutz falou sobre planos de negócios de cinco anos e sua vontade de aumentar a produção da Lamborghini, aproximando-a dos níveis da Ferrari: algo em torno de 3.000 carros por ano. Mas, com a venda de 300 unidades por ano mais próximas da marca na época da aquisição, estava claro que envolver-se em esporte automobilístico de alto nível como a Fórmula 1 não fazia sentido. O necessário era um investimento uniforme na empresa italiana para gerar uma virada gradual nas vendas mundiais. No entanto, essas vendas eram muito mais difíceis de concretizar do que a Chrysler havia imaginado, e não demorou até que a companhia procurasse dar um impulso à Lamborghini.

O Countach Evoluzione

Em 1987, havia decorrido mais de uma década e meia desde a primeira apresentação do Countach como protótipo. Já na época de sua chegada, o mercado de supercarros estava um tanto saturado de modelos, mas, com a chegada dos anos 1990, havia mais ofertas do nunca. Apesar de alguns dos modelos no mercado nunca terem feito sucesso, carros como a 288GTO da Ferrari e o 959 da Porsche anunciavam as mais impressionantes qualidades por um preço bastante baixo. Claro, eles eram muito caros, mas destinavam-se a motoristas apaixonados e estavam ao alcance de quem se interessava por um Countach – e isso incomodava a Lamborghini. Era necessário então dar um grande salto adiante – o extraoficialmente denominado Evoluzione tinha aquelas características. O carro foi criado por Horacio Pagani, chefe do departamento de compósitos, montado às pressas, e que mais tarde fundaria sua própria fábrica de supercarros próxima à da Lamborghini.

Visto de fora, o Evoluzione parecia um modelo de testes baseado no Countach – talvez um conjunto muito mal-acabado que procurava reproduzir a aparência do carro mais emocionante já criado em Sant'Agata. A verdade é que se tratava de um modelo de testes muito avançado para tecnologias de ponta, algumas das quais seriam incorporadas aos Lamborghinis de série.

Embora houvesse alterações mecânicas em relação ao QV normal, o detalhe crucial do Evoluzione era sua estrutura, completamente nova. O chassi de aço tubular foi substituído por um monobloco de fibra de carbono – o que permitiu reduzir o peso do carro em mais de 500 kg. Na ocasião, mais 35 cv foram extraídos do V12, o que significava uma incrível relação potência-peso de 400 cv por tonelada. Mas um peso menor era apenas começo de conversa; o novo monobloco também significava uma estrutura muito mais rígida, aliada a um acabamento interior muito superior – não que o Evoluzione tivesse um grandioso interior.

Ainda que as partes externas quase não se diferenciassem do padrão – ao menos do ponto de vista cosmético –, elas sofreram modificações profundas. Um defletor dianteiro aumentava a pressão para baixo, e uma pronunciada carenagem na frente do arco da roda dianteira conduzia o ar refrigerante para o compartimento do motor, freios e pneus. Para melhorar a paupérrima aerodinâmica, foram usadas capas de fibra de carbono nas quatro rodas e, com a potência extra disponível, dizia-se que o Evoluzione podia chegar a 330 km/h, além de poder ir de 0 a 100 km/h em menos de 4 segundos.

Embora houvesse poucas alterações no motor V12 de 5,2 litros, o carro foi desenvolvido para pesquisas com chassis monobloco de fibra de carbono. Mas a oportunidade de extrair mais alguma potência do motor não podia ser deixada de lado, o que se conseguiu com a revisão do diagrama do comando de válvulas e o aumento dos dutos de admissão.

Todos os que dirigiram o carro ficaram impressionados com a experiência. Frenagem, aceleração e curvas foram tão melhorados em relação ao carro padrão que se chegou à conclusão de que esse seria o caminho para a Lamborghini seguir mantendo seus carros na dianteira. Mas havia tantos problemas no momento com a fibra de carbono que a Lamborghini não queria correr o risco de construir um carro que sofreria perda total até mesmo numa colisão pequena. Havia também preocupações a respeito de como a fibra de carbono suportaria o envelhecimento; e uma grande possibilidade de, após alguns anos de uso, uma carroceria de materiais compostos começar a se desintegrar por todas as tensões suportadas – o que seria muito custoso e vergonhoso para a Lamborghini. De forma trágica, apenas um Evoluzione foi feito e acabou destruído em um teste de impacto no final de 1987. Ainda assim, ele cumpriu um papel importante no desenvolvimento do Diablo, que entraria no mercado três anos após o fim do Evoluzione.

Abaixo: O Evoluzione foi testado por apenas duas revistas antes de ser destruído.

LAMBORGHINI

A edição Anniversary

Acima e abaixo: A edição Anniversary foi a prova de que a Lamborghini havia perdido a habilidade estilística. O mais utilizável dos Countach, ele era uma caricatura do protótipo de 1971.

A versão final do Countach, uma edição enaltecida demais e chamada Anniversary, foi apresentada no Grande Prêmio de Monza de 1988. O nome Anniversary era uma referência ao 25º ano da Lamborghini como fabricante de carros, mas a aparência causou decepção, considerando-se a pureza das linhas do conceito original. Não havia mais as linhas límpidas, substituídas por reentrâncias, aletas, dutos e uma abundância de defletores, além de um conjunto de carroceria insípido. Ainda assim, ele era bastante impressionante!

Quando o carro foi anunciado, em meados de 1988, a economia global estava aquecida; no espaço de um ano, os preços de qualquer supercarro subiam muito – para despencar apenas alguns meses depois. Como consequência, não foi surpresa que a Lamborghini vendesse toda a sua produção, que, se pudesse ter sido aumentada, se esgotaria com certeza.

Poucas foram as alterações mecânicas no Anniversary em relação ao seu antecessor Quattrovalvole, mas era fácil identificar o novo carro por seu exterior superenfeitado. Nos anos 1980, em que a ganância prevalecia, esse era o acessório perfeito para os caros e fugazes objetos de luxo que chamavam atenção – o modelo

apresentava horríveis saias laterais de mau gosto, além de aletas extras e grades na tampa do motor, defletor dianteiro e entradas de ar para o compartimento do motor. O trágico era que o carro não tinha mais presença do que o Countach original (vamos encarar a coisa, como poderia qualquer carro se sobressair mais que o LP400?), e ainda era mais feio.

Por fim, havia um painel que incorporava um novo desenho do farol com um emblema do 25º aniversário. O defletor dianteiro, agora em fibra de carbono, tinha dois faróis de longo alcance, e na traseira havia um para-choque maior, que melhorava a aparência do Countach, mas também lhe retirava um pouco do aspecto emocionante. As rodas eram as recém-apresentadas OZ de liga de duas partes forjadas, enquanto a Lamborghini também dizia que a suspensão havia sido ajustada para melhorar um pouco a dirigibilidade. Quem testou o carro disse não ter sentido diferença em comparação ao Quattrovalvole. O desempenho foi declarado como 0-96,5 km/h em 5,1 segundos, com uma velocidade máxima de 277 km/h.

Os bancos do Countach sempre causaram polêmica, então, os do Anniversary eram não apenas mais largos como tinham acolchoamento mais espesso, além de regulagem elétrica – em relação a este carro, não havia preocupações com a redução de peso. A ventilação sempre foi sofrível e, nesse carro, ela melhorou bastante; o ar-condicionado também tornou-se muito mais eficiente.

Acima: A arquitetura básica do interior pouco mudou durante a vida do Countach, mas os detalhes sim.

À extrema esquerda: O Anniversary foi feito para comemorar os 25 anos da Lamborghini.

À esquerda: Até o final, o Countach tinha janelas laterais divididas em dois painéis.

LAMBORGHINI

À esquerda: Este é o último Countach de todos, mas, com certeza, há algo mais interessante atrás dele.

À direita: A revista Performance Car perguntou se este era o último derivado do Countach. E era!

Abaixo: Filas de unidades do Countach Anniversary aguardando ser entregues.

Muitas das modificações foram feitas por exigência do mercado americano. Nesse ponto, a Chrysler era dona da Lamborghini e estava, com pesar, ciente de que o Countach nunca vendera tão bem nos Estados Unidos quanto deveria. Isso pelo fato de que o compartimento do motor dissipava seu calor com maior eficiência – o que tornava o carro mais confiável em climas quentes e (teoricamente) um pouco mais potente em climas mais frios. No entanto, a Lamborghini não podia anunciar uma potência maior, porque isso a obrigaria a submeter o carro a outros tipos de testes...

No início, imaginava-se que apenas 300-400 exemplares do Anniversary seriam fabricados, mas como o carro foi um fracasso imediato, a Lamborghini repensou seus planos. Nada demais nisso. Quando a produção do Countach foi encerrada em favor do Diablo, 675 unidades do Anniversary haviam sido fabricadas em apenas 18 meses. O último Anniversary – e o derradeiro Countach – foi fabricado em 4 de julho de 1990. Com o chassi número 12095 e sendo o 1.997º exemplar do Countach, esse carro em especial foi destinado à coleção da própria Lamborghini.

86

Especificações: Countach LP400, LP400S, LP500S

MOTOR

Descrição
Traseiro central, transversal, V12 a 60° com bloco inteiriço e cárter de alumínio fundido com camisas de ferro fundido montadas por encolhimento. Dupla árvore de comando de válvulas por bancada, tuchos de aço tipo copo invertido, em válvulas inclinadas. Pistões de cabeça côncava com três anéis, bielas de aço. Virabrequim de aço cromo-níquel endurecido de sete mancais usinado de material bruto

Cilindrada
LP400/S: 3.929 cm³
LP500S: 4.754 cm³

Diâmetro e curso
LP400/S: 82,0 mm x 62,0 mm
LP500S: 85,5 mm x 69,0 mm

Taxa de compressão
10,5:1 (LP500S: 9,2:1)

Potência máxima
LP400: 375 cv (líquidos) a 8.000 rpm
LP400S: 353 cv a 7.500 rpm
LP500S: 375 cv a 7.000 rpm

Torque máximo
LP400: 36,78 mkgf
LP400S: 35,95 mkgf
LP500S: 41,75 mkgf

Carburador
Seis Weber 45 DCOE de corpo duplo horizontais

TRANSMISSÃO

Caixa de câmbio
Cinco marchas, totalmente sincronizadas

Relações	LP400/S	LP500S
1ª	2,256:1	2,232:1
2ª	1,769:1	1,625:1
3ª	1,310:1	1,086:1
4ª	0,990:1	0,858:1
5ª	0,775:1	0,707:1
Ré	2,134:1	1,960:1

Embreagem
Disco único a seco Fichtel and Sachs

Redução final
Par cônico hipoide, relação 4,09:1 diferencial ZF de deslizamento limitado

FREIOS

Dianteiros
Discos ventilados Girling. LP400: 265 mm; LP400S/500S: 300mm

Traseiros
Discos ventilados Girling. LP400: 265 mm; LP400S/500S: 282 mm

Operação
Girling hidráulica, servo a vácuo

Freio de estacionamento
Alavanca com cabo de conexão aos discos traseiros

SUSPENSÃO

Dianteira
Independente. Braços triangulares superpostos, molas helicoidais, amortecedores telescópicos reguláveis Koni, barra estabilizadora

Traseira
Independente. Braços triangulares superpostos, molas helicoidais, amortecedores telescópicos reguláveis Koni, barra estabilizadora

DIREÇÃO

Tipo
Pinhão e cremalheira

Número de voltas entre batentes
3,2

Diâmetro mínimo de curva
11,2 m. LP500S: 11,8 m

Volante
Três raios, 34,3 cm de diâmetro

RODAS E PNEUS

LP400: 7½ J x 14 na dianteira, 9½ J x 14 pol. na traseira, Campagnolo de liga. LP400S/500S: 8½ J x 15 pol. na dianteira, 12J x 15 pol. na traseira

Pneus
205/70VR 14 pol. na dianteira, 215/70VR 14 pol. na traseira, Michelin XWX. LP400S/500S: 205/50VR 14 pol. na dianteira, 315/35VR 15 pol. na traseira, Pirelli P7

DESEMPENHO

Teste de rua do LP500S realizado pela revista *Autocar*, em 9 de outubro de 1982

Velocidade máxima
263 km/h

Aceleração

0-80 km/h	4,4 s
0-96,5 km/h	5,6 s
0-112 km/h	7,0 s
0-128 km/h	8,8 s
0-144 km/h	10,7 s
0-160 km/h	12,9 s
0-177 km/h	15,3 s
0-193 km/h	18,5 s
0-209 km/h	22,4 s
0-225 km/h	28,0 s
0-240 km/h	37,2 s
0-402 metros	14,0 s

Consumo médio de combustível
5,1 km/l

DIMENSÕES

Comprimento
4.140 mm

Largura
1.990 mm
LP500S: 2.000 mm

Altura
1.070 mm

Distância entre eixos
2.450 mm

Bitolas
Dianteira: LP400: 1.500 mm
LP400S/500S: 1.490 mm

Traseira: LP400: 1.520 mm
LP400S/500S: 1.605 mm

Distância mínima do solo
125 mm

Peso
LP400: 1.200 kg
LP400S: 1.438 kg
LP500S: 1.321 kg

LAMBORGHINI

Nesta página: Não havia uma peça Lamborghini genuína sequer, mas esta réplica alongada enganou muita gente que acreditou tratar-se de uma versão extragrande da verdadeira.

A limusine "Countach"

Só poderia acontecer nos Estados Unidos! Onde mais alguém haveria de criar um carro parecido com o Countach, encompridado e com quatro portas? Feito pela Ultra Limousines, o California Countach (pelo menos, eles não recorreram a um nome como Kalifornia Kountach) era uma réplica de fibra de vidro que media colossais 5.710 mm de comprimento – em torno de 1.500 mm mais longo do que o original. O projeto foi instigado por Vini Bergeman, que encarregou Dick Dean de construir o chassi. Concluído, a Ladret Design West, de Vancouver, o recebeu e criou a carroceria – que era muito boa...

As coisas talvez não tivessem sido tão ruins se a qualidade da fabricação não fosse sofrível. A borda do para-brisa era afastada e também as frestas das portas. Não havia uma só peça original Lamborghini na limusine, com a potência (se é que esse é o termo aplicável) fornecida por um motor Ford Taurus V6 de 2,8 litros.

Como se o projeto já não fosse bem complicado, as quatro rodas esterçavam por meio de um motor elétrico em cada roda traseira. Aquelas rodas não se pareciam com nada que tivesse saído da Sant'Agata, com a opção da Ultra por aros divididos polidos – chamativas e típicas do gosto americano.

Com o dobro de portas que o padrão, fazia sentido fornecer o dobro de lugares. O compartimento de passageiros traseiro foi mantido separado do dianteiro, os dois ambientes com acabamento de couro. Na frente, havia um telefone e uma tela de TV, que recebia imagens da traseira do carro, para que se pudesse dar marcha a ré. O compartimento traseiro tinha um arranjo ainda mais extravagante, com telefone próprio, um sistema de TV e um enorme sistema de som. Podia ser malfeito e ter sido um enorme desperdício de dinheiro, mas ninguém poderia chamá-lo de espartano.

Um Countach anfíbio

O que você faz quando seu vizinho tem um Countach do mesmo tipo do seu? Uma saída é encontrar um capaz de nadar! Mike Ryan tem um gosto especial por carros anfíbios – ele tem até uma empresa, chamada SeaRoader, que os fabrica. Em 1995, ele resolveu se dedicar à construção de um Countach anfíbio; ele já tinha estabelecido vários recordes de velocidade na água com seu Streamline, em 1984.

A base do Lamborghini anfíbio era um kit. Mike conta a história: "Eu não me lembro de qual kit era, mas me recordo de que todas as réplicas do Countach conhecidas possuíam um teto cujas linhas não tinham a elevação da original. Por isso, tive de reprojetar o kit para que suas linhas se tornassem mais convincentes. Mas essa era a parte fácil da coisa – bem mais difícil foi fazer o carro andar na água. O primeiro passo foi selar o assoalho, as árvores de transmissão e a coluna de direção.

A suspensão interna era de molas helicoidais operadas por varetas e amortecedores telescópicos, e havia um hidrofólio regulável na frente. Para mover o carro na água existia uma tomada de força entre os dois bancos, que fazia girar um par de hélices na traseira do carro por meio de correntes".

Mike prossegue: "No centro havia um motor Rover V8 de 4,2 litros e, graças ao seu baixo peso, algumas pessoas que dirigiram o carro avaliaram que ele era mais fácil de ser conduzido do que o original. Com certeza, isso era verdade, na água! Graças a todas as reentrâncias e dutos (como no projeto original), o Countach flutuante também não sofria superaquecimento – uma tendência de vários carros anfíbios".

O carro era bem convincente, com muito do Lamborghini original utilizado para um maior realismo. Vidros, painel de instrumentos, pneus e rodas eram peças Lamborghini genuínas e quem quer que visse o carro presumia que era verdadeiro – tampouco imaginavam que era anfíbio. O carro foi um sucesso tão grande que passou dois anos em Hollywood figurando em vários filmes e shows de TV – embora Mike tivesse de mudar o volante do lado direito para o esquerdo quando o carro era exportado. Ele, porém, permaneceu dono do carro o tempo todo, e quando voltou para o Reino Unido, em 2000, o volante foi recolocado no lado direito, e o Countach foi vendido a um piloto da British Airways de Northampton. Foi a última vez que Mike viu o carro...

Acima: Percebe-se que este Countach não é genuíno pelos faróis. A água do mar deve ter causado estragos nessas legítimas rodas de liga Lamborghini.

O Sogna da Art & Tech

Se você vai fundar uma nova companhia e quer chamar atenção, que meio melhor de fazer isso do que entrar em cena com um conceito Countach com motor genuíno? Foi o que fez a Art & Tech Torino quando apresentou seu carro espetáculo Sogna no Salão de Genebra de 1991. Embora o carro não fosse funcional, ele foi projetado para receber o motor V12 de 455 cv do Countach.

Ryoji Yamazaki, de 42 anos, conduzia o projeto e chefiava a Art & Design Torino, uma empresa associada à bem-estabelecida consultoria de projetos japonesa Art & Tech. Ele dizia que o Sogna era o primeiro de um trio de carros esportivos de motor central que seriam fabricados em pequenas quantidades – além desses, haveria também um cupê de quatro lugares e motor central.

Aquela primeira cópia foi exibida em março de 1991 e, dizia-se, em seis meses haveria um protótipo operacional e funcionando, mas estamos esperando por isso até hoje. Talvez a pista estivesse no nome do carro: Sogna, que significa "permite a você sonhar" – o que Yamazaki estava fazendo quando o conceito foi anunciado.

Os escandalosos Countachs de Koenig

À direita e abaixo: A maioria das pessoas não teria notado as diferenças entre um Countach de série e a versão Koenig. Rodas pretas, saias laterais de mau gosto e um aerofólio traseiro redesenhado eram as principais pistas.

Durante os anos 1980, Willy Koenig criou os carros modificados mais escandalosos que havia. Foi ele quem colocou enormes aerofólios em Jaguares, Ferraris e Mercedes, usando rodas enormes e kits de carroceria de mau gosto. Tentar tornar um Countach mais atraente pode ser uma causa perdida, mas Koenig não deixaria de alterar o carro por causa de suas linhas inconfundíveis.

O primeiro Countach Koenig foi feito no início de 1983, e, embora os projetos previssem pelo menos um turbocompressor, este não tinha nenhum. À exceção de um escapamento que se dizia capaz de extrair 30 cv a mais do motor, não havia alteração mecânica – o foco era a estética.

A primeira modificação externa foi no aerofólio traseiro, com o item opcional da Lamborghini descartado em favor de um Koenig. Sabia-se que o defletor original da fábrica reduzia a velocidade máxima do carro, razão pela qual foi substituído pelo de Koenig, testado em um túnel de vento. O dispositivo não só aumentava a força de aderência como também proporcionava um

aumento de 9,6 km/h na velocidade – era uma vergonha que parecesse tão sem estilo...

Enquanto os freios e a suspensão se mantiveram originais, espaçadores de roda de 3/4 pol. foram instalados para preencher os arcos das rodas e alargar a banda de rodagem, a fim de melhorar a dirigibilidade – embora não parecesse que o Countach tivesse qualquer deficiência nesse quesito. O que faltava era visibilidade traseira, e Koenig

instalou novos espelhos laterais, com maior eficiência aerodinâmica. Para completar, havia novas saias laterais, que rebaixavam visualmente o carro, além de tirar-lhe ainda mais a graça – embora muitos proprietários achassem aquilo o máximo.

No decorrer dos anos 1980, Koenig teve melhor sorte com seus Countachs modificados. Embora oferecesse interiores com acabamento reestilizado desde o começo, eles tornaram-se cada vez mais rebuscados. O surgimento de equipamentos de som de alta fidelidade caros e sofisticados permitiu que ele oferecesse opções de equipamentos de som, vídeo ou telefone, e o céu era o limite. Também continuou fornecendo seus sistemas de escapamento e árvores de comando de válvula redesenhadas para aumentar a potência – mas como se isso não bastasse, Koenig passou a ofertar um equipamento turbocompressor que produzia até 750 cv. Baseado no modelo 5000 QV, a velocidade máxima anunciada era de 342 km/h. Isso não teria sido uma experiência assustadora de forma nenhuma.

MANTENDO A DIANTEIRA

O bom, o ruim e o feio: clones do Countach

"Visto de longe, até parecia verdadeiro." Essas eram as palavras clássicas exclamadas por jornalistas e anunciantes quando ficavam entusiasmados com algumas das réplicas do Countach que surgiram ao longo de anos. O que deixaram de dizer é que, para a maioria das chamadas réplicas, a distância, no caso, era de uns cinco quilômetros – e melhor ainda seria se houvesse também uma forte neblina. Embora a história da indústria de carros modificados esteja cheia de porcarias, as réplicas do Countach são as piores. A necessidade de trabalhar portas para que funcionassem corretamente era uma dificuldade, bem como consertar outros detalhes como faróis escamoteáveis. Nem mesmo acertar as proporções era fácil – e quando se tratava de adaptar rodas e pneus, não havia opções acessíveis.

Todavia, alguns dos vários similares de Lamborghinis que surgiram durante os anos são realmente muito bons. Não se pretende aqui abordar todas as réplicas do Countach já produzidas; em vez disso, a intenção é observar com mais cuidado algumas das principais. Enquanto algumas eram muito grotescas, houve também alguns exemplos excelentes que chegaram bem próximos do original em termos de qualidade de construção, aparência e dinâmica. O problema é que alguns dos clones realmente bons, com um motor potente, saem tão caros que o custo de comprar as peças e montá-las chega muito perto do preço do carro verdadeiro – mesmo que sejam bem mais baratos de manter.

As melhores réplicas britânicas

O primeiro de todos é o Primo, baseado no excelente chassi GTD40. Montado em Dorsey pela Broadbest, o carro tinha a carroceria moldada em peça única, e era possível escolher a motorização. Um Rover ou Ford V8 podiam ser especificados, e também um V6 da Renault ou da Ford.

O Prova também era excelente, reconhecido como um dos melhores clones do Countach em meados dos anos 1980, quando foi lançado. Produzido por Paul Lawrenson em Lancashire, o Prova convenceu a todos, a não ser por suas rodas de liga Compomotive e por não ter um motor V12. Poucas pessoas seriam capazes de distinguir o ronco do carro original do ronco produzido pelo Prova, com o escapamento certo, claro. Isso apesar de usar como motor padrão um mero Renault V6. Se isso podia decepcionar, o mesmo não acontecia com o chassi projetado por Lee Noble.

Outro falso Countach merecedor de uma olhadela foi o GB 500S da GB Racing, de Wigan. Ele não só era bem-feito e convincente como também podia ser encomendado com um motor V12, o Jaguar muito suave de 5,3 litros. Se isso fosse um exagero, havia a opção dos motores Rover ou Chevrolet V8, ou Renault V6 para os mais tolos.

À esquerda: O Prova foi uma das melhores réplicas do Countach.

Abaixo: O GB Racing 500S também merecia atenção.

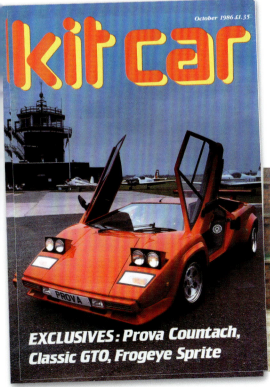

À extrema esquerda e abaixo: O Prova foi testado pela revista *Kit Car*, que o aprovou.

91

LAMBORGHINI

Não há informação a respeito da quantidade de kits vendidos, mas espera-se que ninguém tenha optado pelo desenho Koenig, disponível por um preço adicional. Com saias e defletores de mau gosto, esta era uma opção a ser descartada.

Uma das mais convincentes réplicas do Countach foi o Sienna, desenvolvido pela Sienna Cars, de Surrey. Alan Booth, o responsável por esse projeto, fundou a Sienna para fabricar kits do Prova destinados a pessoas sem inclinação, tempo ou habilidade para fazer o carro por conta própria. Mas ele não estava satisfeito com a qualidade do Prova, então, começou a fazer seu próprio carro. E ele era de fato um espetáculo, mas seu preço partia de 18 mil libras – sem incluir a caixa de câmbio e o motor, e uma boa pintura também cobrada à parte. Ainda assim, saía mais barato que o original e, como muitas das melhores réplicas à venda, o Sienna foi comercializado do outro lado do Atlântico, nos Estados Unidos, pela Ultra Designs.

O Brightwheel CR6 Stinger também foi outra boa réplica bem projetada e bastante convincente. O interior, muito bem trabalhado, reproduzia o original, mas o exterior era soberbo – foi uma pena a empresa quebrar pouco depois de o kit ter sido apresentado.

Outro dos kits merecedores de atenção, o Mirage, era muito bom, graças ao fato de os moldes de sua carroceria terem sido feitos a partir de um carro original. Os motores oferecidos para equipar o Mirage não eram definidos, o fabricante dizia apenas que "a maioria dos V6 ou V8" poderia ser utilizada – mas não havia a opção de motor V12.

Horrores parecidos

Jon e Nick Homewood fundaram a Auto Build-up Services em Dorset, em 1978, com o objetivo expresso de montar réplicas do Countach para o público, mas não demorou até que começassem a desenvolver uma versão própria. Surgiu então o Scorpion, disponível em meados de 1988. O kit convencia bastante, mas, em vez de parar por aí, os dois se empolgaram e produziram o Monaco. Foi quando as coisas começaram a dar errado com o que era antes uma réplica boa – porque a ABS removeu o teto. Embora tivesse havido um Miura aberto, cortesia de Bertone, e um Diablo Roadster original de fábrica, jamais se produziu um Countach aberto. Se tivesse havido, seria mais um targa, e não o conversível total que era o Monaco. Estreando em setembro de 1988, o Monaco se parecia com o que era: um especial de fabricação caseira sem o toque de um designer de talento.

Se o Monaco estava longe da perfeição, havia mais alguns horrores bem piores ainda por vir – na verdade, alguns deles abomináveis. O Panache, por exemplo, um horror extremo. Com a desventura de encontrar uma dessas piadas quando eu era criança, ainda tenho pesadelos com ele. Às vezes, uma réplica é tão ruim que não passa de um carro inspirado no que quer que seja que deveria imitar. O Panache era assim. Por estranho que pareça, foi uma criação de Paul Lawrenson, famoso pelo Prova. Ele deu início à loucura do falso Countach com o surgimento, em 1978, de um só kit inspirado nesse carro. Não foi anunciado como clone do Countach, mas foi desenvolvido para se tornar o que se disse ser a primeira réplica de um produto de Sant'Agata – o Panache. Lawrenson desenvolveu esse kit (embora não muito), e então passou o projeto adiante. É fácil entender por que caiu fora tão rápido – mas não tão fácil compreender por que alguém haveria de querer entrar no projeto. É também difícil entender por que alguém compraria um Panache, mas, nos três primeiros anos, foram vendidos 60 kits – muitos para a Alemanha, Suíça, França e EUA. Com padrões sofríveis de qualidade de fabricação e um chassi muito ruim, seria interessante saber quantos conseguiram de fato ir às ruas.

Tão ruim quanto o Panache era o Kingfisher Moulding Countess, que se acreditava ser uma cópia do Countach, mas era tão malfeito que qualquer um dentro dele seria mais objeto de piada do que alvo de inveja. Como o Panache, baseava-se em um chassi de VW Beetle – e proporcionava um desempenho como o do Countach. Bem, um Countach com dez de seus cabos de ignição desconectados!

Abaixo: O ABS Monaco de série não era muito melhor.

No pé da página: O protótipo Panache era realmente chocante.

MANTENDO A DIANTEIRA

Nesta página: Havia várias cópias do Countach à escolha durante os anos 1980, com inúmeras páginas dedicadas a elas na imprensa.

LAMBORGHINI

À direita: O Exotic Illusions Eurosex. Bom.

Várias das réplicas do Countach produzidas nos anos 1980 e 1990 se baseavam no LP500S (em alguns casos, de forma muito imprecisa), e o Silhouette SC5000S também. Uma das mais mal projetadas cópias do Countach que havia (mesmo sendo as proporções e o desenho muito parecidos com os do original), o Silhouette foi também um dos pouco fabricados a comportar um motor V12 – no caso, do Jaguar Stable. Sem nenhuma modificação, ele desenvolvia 320 cv, o que deve ter posto a relação peso-potência do carro em pé de igualdade com a do original. Na época em que todas as rodas, pneus e tudo o mais que se parecia com os componentes foram comprados, os preços eram muito semelhantes aos do original... Curioso que nenhum Silhouette tenha sido concluído durante a curta existência da companhia, embora alguns tenham sido terminados após ela ter sido fechada.

Se você pegar um Countach e lixar as laterais como um doido para criar várias extremidades mais pontudas, acabará diante de algo parecido com o Venom. Sediada em Manchester, esta ambiciosa empresa calculou que o clone do Countach seria apenas o começo – haveria depois réplicas do Maserati Merak, do De Tomaso Pantera, e até do Vector. O fato de elas nunca terem sido feitas talvez tenha sido bom – tomando por base quão fiel (ou o contrário) sua cópia do Countach era.

Cópias americanas

O Countach falsificado não era uma exclusividade britânica – do outro lado do Atlântico, havia também muita oferta de cópias americanas. Se alguns dos produtos britânicos chegavam a ser uma vergonha, pode-se dizer a mesma coisa de muitas das cópias fabricadas nos Estados Unidos. Mas enquanto os britânicos, em geral, eram montados sobre chassis de treliça feitos especialmente para eles (exceto um ou dois exemplares baseados no Beetle), vários dos carros americanos aproveitavam o chassi do Pontiac Fiero. Isso pode ter proporcionado "economia e confiabilidade da General Motors", como disse uma empresa, mas também significava que o tamanho e as proporções do carro estavam errados – sem mencionar que a cilindrada dos motores e a potência eram limitadas.

Qualquer um que se orgulhasse de dirigir um carro chamado Eurosex deveria ser proibido de sair desacompanhado. Oferecido pela Exotic Illusions, o Eurosex 1000 foi uma criação de Demetrios Koroneos, que queria oferecer somente clones montados do Countach. Contudo, sua proposta não se baseava só no Fiero, como seu estilo quadradão e pesado denunciava imediatamente.

Abaixo, à direita: O Countach GCT.

Abaixo: O Countach Marauder se parecia mais com um Countach mutilado.

Mas nem todas as réplicas de fabricação americana do Countach eram montadas sobre o chassi do Fiero; algumas utilizavam um chassi de treliça. Um desses carros, o Starfighter, foi produzido pela Time Machine Motorcar Co, da Flórida. Apesar dos esforços da empresa para garantir que as proporções fossem ao menos remotamente convincentes, o carro era fornecido somente com sistema de transmissão Fiero...

O Marauder MkX também se baseou em um chassi de treliça, equipado com motor V8 americano. A empresa fez muito estardalhaço a respeito da tecnologia do carro, mas deixou de dizer que o MkX se parecia com um Countach de chocolate deixado ao sol. Tudo foi arredondado, e os arcos das rodas foram unidos aos aerofólios – ao contrário do original. Os primeiros carros eram ainda piores, perecendo-se mais com o Vector V8 do que com algo vindo da Itália. A área envidraçada estava errada e também as proporções. E havia ainda as linhas dos aerofólios e as rodas, muito diferentes de qualquer coisa vista em um Lamborghini de verdade. Mas tirando isso...

A Exotic Dream Machines falou muito mais em sua literatura a respeito do Countach original do que de seu California Countach. Pelo menos, ele tinha um chassi de treliça e um motor Chevrolet V8, mas, como tantas réplicas americanas, suas proporções estavam erradas, as linhas eram muito quadradas e as soleiras, muito proeminentes e disformes E tratava-se do cupê – não vou nem falar da versão Roadster...

Com mais do que uma pitada de ironia, a American Fibrebodies oferecia sua réplica com o estranho nome de American Car Kit. Considerando que ele deveria imitar da maneira mais fiel possível algo bem italiano, a escolha do nome foi muito bizarra, mas, pelo menos, era possível especificar um motor V8 em vez do V6 molenga que podia ser encontrado em todo canto. Estranho é que a fábrica dizia que o carro era fabricado com "materiais da era espacial", enquanto entre os compradores havia algumas companhias altamente qualificadas, mas anônimas.

Entre outros falsos Lamborghinis que merecem ser citados está o Stealth Sports Coupé, da Elegant Motors, de Indianápolis. Talvez o mais convincente dos clones do Countach fabricados nos Estados Unidos, ele tinha até a opção de motor V12. Não tão bom era o CGT Countach da Concept Automobiles, de Calgary, no Canadá. De positivo, ele tinha um motor V8, mas é incerto que qualquer exemplar tenha de fato sido fabricado, já que a única fotografia que pude encontrar mostra um modelo inacabado – e foi tirada três anos após o início do projeto. O Scorpion da Northeast Exotic Cars, da Pensilvânia, foi outro grande erro, com linhas ultrapassadas, opção de um conversível e uma base do Fiero se o comprador quisesse. Infelizmente, alguns quiseram...

Então, surgiu o Armstrong Titan, feito na Califórnia, que parecia muito bom – algo que não poderia ser dito a respeito do KMC 5000GT produzido pela Kustom Motorcars. Das soleiras para cima, era razoável, mas a Kustom cometeu o erro, com frequência repetido, de escolher soleiras exageradas, que acabavam com as linhas do carro. Ainda assim, pelo menos a Elegant Motors não caiu naquela armadilha com seu Magna S. O que ela fez, em vez disso, foi lançar um Countach com uma grande distância entre eixos tão desproporcional que parecia o resultado do casamento entre um Lamborghini e uma limusine alongada. Realmente de mau gosto.

Alguns dos clones do Countach mais sem graça fabricados nos Estados Unidos foram os conversíveis. Um deles, o Interceptor, baseava-se no Fiero, oferecido pela Exotic Enterprises, de New Jersey. Bastante parecido com o ABS Monaco, tinha saias laterais extravagantes, um aerofólio traseiro enorme e algumas proporções muito estranhas. É difícil saber qual Countach fabricado nos Estados Unidos foi o pior; havia inúmeras opções terríveis. No entanto, há um que se sobressai por ter formas tão desarmoniosas que poderia ganhar a taça. Aparentemente, a qualidade da fabricação do carro não era de todo má, mas quando se oferece uma "réplica" do Lamborghini Countach com um motor de Beetle, há algo errado. Então, a Corbett Motor Cars, com seu Countach 5000S, dê um passo adiante e receba os cumprimentos pela pior imitação do Countach já feita.

À esquerda: O Exotic Interceptor.

Abaixo: O risível Corbett 5000S.

DIABLO
1990–2001

1990-2001
O Diablo substitui o Countach

Quando se tem um carro tão emocionante como o Countach, como é possível projetar o seu sucessor? Com grande dificuldade, como a Chrysler descobriu após adquirir a Lamborghini, em 1987. Naquela época, o Countach já estava ficando muito velho, e um projeto novo era necessário – um projeto que já havia sido iniciado há tempos, em 1984. O número de regras e resoluções que o Countach tinha de seguir havia-se ampliado bastante, com inúmeras leis sobre emissões de gases e normas de segurança a serem observadas.

O carro tinha dificuldades em atender algumas delas, então, não só a carroceria precisava ser nova, mas também o motor pedia uma grande revisão.

O esquema mecânico necessitava ser redefinido – afinal, foram 17 anos desde o lançamento e a estreia do sucessor. Na ocasião, o panorama no mundo dos supercarros havia mudado radicalmente, e, se a Lamborghini quisesse manter a posição, teria de mostrar algo de fato muito especial.

Projeto e desenvolvimento

O Diablo, no início conhecido como Tipo 132, foi o primeiro Lamborghini desenvolvido por Luigi Marmoli, que entrou na companhia após deixar a fracassada equipe de Fórmula 1 da Alfa Romeo. Ele mudou de emprego em janeiro de 1985 e recebeu uma tarefa especial: desenvolver o terceiro carro de motor V12 central e dois lugares da Lamborghini.

Pela primeira vez na Lamborghini, o projeto Tipo 132 utilizou uma grande quantidade de desenhos feitos com o auxílio do computador, para manter o peso baixo e aumentar a rigidez. Como resultado, o peso do chassi foi reduzido de 79,8 kg para meros 29,9 kg, mantendo, assim, grande parte de sua rigidez. Todavia, o carro não era tão rígido quanto o estabelecido no projeto por computador, de forma que um trabalho extra teve de ser feito para que o chassi se tornasse utilizável.

Embora nunca tenha havido dúvida de que o motor a ser utilizado seria o clássico V12 da Lamborghini na versão com 48 válvulas, estava claro que ele teria de ser revisto. Ele não só teria de gerar maior potência como teria de funcionar de forma mais limpa do que nunca, para que estivesse em conformidade com as cada vez mais rígidas exigências de redução de emissões. Embora várias revisões internas

O DIABLO SUBSTITUI O COUNTACH

À esquerda e na página ao lado: A revista Car *publicou estas duas concepções artísticas de como o Diablo poderia ser. Elas não ficaram longe disso.*

tivessem sido feitas, a chave para gerar maior potência com menos combustível era um novo sistema de injeção de combustível, criado em cooperação entre a Marelli, a Weber e a Lamborghini.

Ainda que o Diablo não tivesse tração nas quatro rodas quando foi lançado, ficou decidido no começo do seu programa de desenvolvimento que deveria haver a possibilidade de a potência ser conduzida a ambas as extremidades do carro. Nessa época, a tração nas quatro rodas era vista como o futuro dos carros de grande potência, ou dos supercarros ultracaros. O Porsche 959, de uma complexidade impressionante, introduziu essa tendência em 1985, e em 1989 a mesma empresa já oferecia tração nas quatro rodas em seu Porsche 911 convencional de linha – um carro muito mais barato que o modelo carro-chefe da Lamborghini.

Com o motor, chassi e sistema de transmissão basicamente definidos, só era necessário um desenho externo merecedor do emblema do touro – algo bem mais difícil de fazer do que parece. Ele teria de ser espetacular, além de ter grande eficiência aerodinâmica e, como já tinha uma impressionante ficha de serviços na Lamborghini, decidiu-se que Marcello Gandini deveria participar do projeto. Ele ficou para realizar o trabalho, mas o problema é que ele também havia aceitado o encargo de projetar um carro rival, de Claudio Zampolli, o Cizeta V16T. Zampolli foi engenheiro de testes e desenvolvimento da Lamborghini, onde trabalhou no Miura e no Countach. Mas ele não queria ser um simples empregado – almejava ter sua própria empresa de supercarros. Eis por que acabou dando a Gandini muitas das mesmas atribuições que a Lamborghini lhe dera – embora o Cizeta tivesse 16 cilindros em vez dos meros 12 do Diablo. Com tais tarefas tão parecidas, não foi surpresa que Gandini apresentasse dois carros que pareciam idênticos.

Para a Lamborghini, o problema foi que o supercarro de Zampolli havia sido mostrado como protótipo muito antes de seu carro ficar pronto. Em consequência, quando o substituto da Lamborghini para o Countach fez sua estreia, parecia uma cópia do rival de 16 cilindros, em vez de algo exclusivo. A única saída seria redesenhá-lo, o que aconteceu em 1986. No começo de 1987, um protótipo funcional foi construído, e no final de março testou-se sua eficiência aerodinâmica num túnel de vento. Em um mês, o novo carro já tinha até nome (*diablo*, "diabo" em espanhol) e, em 22 de abril de 1987, estourou-se o champanhe com a notícia de que o protótipo havia sido dirigido por uma curta distância no interior da fábrica. Parecia que a estreia do carro estava próxima – mas ninguém contava com a notícia que surgiria no dia seguinte.

Abaixo: Um dos primeiros protótipos do Diablo, descoberto pela revista Autocar.

LAMBORGHINI

À direita e abaixo: O Diablo começa a tomar forma; este é um protótipo já bem adiantado.

Um passo à frente, dois para trás

Em 23 de abril de 1987, a Chrysler anunciou um acordo para comprar a Lamborghini; no dia seguinte, o protótipo do Diablo andou pela primeira vez com seu próprio motor. Após anos com a Lamborghini levando a vida com orçamentos esquálidos, uma das três grandes empresas dos Estados Unidos estava agora no comando – com tudo o que isso significava em termos de dinheiro disponível para o desenvolvimento de um novo supercarro. Por outro lado, isso também queria dizer que o que antes se admitia sob o antigo comando agora não seria mais tolerado. A Chrysler estabeleceu um compromisso de "defeito zero".

Todavia, não se tratava apenas de qualidade de fabricação; modificações maiores no Diablo seriam necessárias porque o carro não era veloz o suficiente, apesar de um aprimoramento no motor do Countach utilizado em uma carroceria nova, que era muito mais aerodinâmica. A saída foi desenvolver ainda mais o motor, tornando o carro mais aerodinâmico. Tom Gale, chefe do estúdio de projetos da Chrysler, tinha como tarefa supervisionar um amplo redesenho do carro, depois que um segundo conjunto de desenhos feitos por Gandini não agradou à direção da Chrysler.

O resultado foi uma carroceria com a traseira redesenhada, e a Chrysler também descartou os desenhos que havia do interior. O americano Bill Dayton foi quem reivindicou os créditos pela cabine do Diablo.

O plano inicial era lançá-lo em maio de 1988, embora esse prazo logo tivesse sido prorrogado por quatro meses. O prazo, todavia, ainda não era realista; projetar o carro na Itália e redesenhá-lo nos Estados Unidos atrasou e muito o processo – como causou atraso também o afastamento de Emile Navarro por vários meses, devido a um grave acidente automobilístico. Para a Lamborghini, o trágico foi que 1989 talvez tenha sido o ano de maiores oportunidades para os fabricantes de carros de grande prestígio, com os mais exclusivos supercarros tendo uma demanda tão grande que os fabricantes não conseguiam supri-la em tempo hábil. Essa situação, é claro, não poderia se perpetuar, e bem quando o Diablo estava pronto para chegar às ruas, próximo ao final de 1990, a economia global entrou em recessão. Nessa época, os fabricantes que haviam tido seus melhores momentos nos 18 meses anteriores, enfrentavam agora dificuldades em vender seus carros. As coisas não pareciam boas para a Lamborghini.

O Diablo chega às ruas

O começo de uma nova década trouxe consigo a chegada de uma nova era em Sant'Agata, graças às primeiras revisões no Diablo, em 1990. Havia somente uma maneira de o carro ser acolhido – teria de ser com grande entusiasmo. O Countach pode ter sido um ícone, mas ficou obsoleto e nada poderia ser feito para torná-lo um concorrente à altura da Ferrari Testarossa – que na época já estava ficando velha. Precisava-se, então, de um carro inteiramente novo, e o Diablo representava isso em termos de desenho e construção.

O icônico V12 manteve sua disposição longitudinal, com uma só versão produzida para todos os mercados. Isso significava que ele tinha de ser limpo, então, o catalisador era item de série, ao lado da injeção de combustível Weber-Marelli. Esse novo sistema sequencial de injeção de combustível multiponto, chamado LIE, não apenas promovia a redução de emissões, mas também tornava o carro mais fácil de dirigir. Com esse sistema instalado e o motor aumentado para 5.729 cm³, havia 492 cv disponíveis – cerca de 40 cv a mais que o Countach oferecia. Com essa potência o Diablo atingia mais de 320 km/h, indo de 0-100 km/h em 4,5 segundos. Embora o uso de alguns materiais leves tenha ajudado, o detalhe fundamental ficou por conta do grande aprimoramento na eficiência aerodinâmica. Enquanto o Countach tinha um coeficiente de arrasto em torno de 0,40, o Diablo apresentava um número muito menor – 0,31, semelhante ao dos melhores carros de série da época.

Apesar de vários materiais compostos e ligas terem sido incorporados à construção do Diablo, ainda faltava alguma coisa. Enquanto o Countach pesava estonteantes 1.487 kg, o Diablo era mais pesado, com 1.650 kg. Em parte, isso se devia ao fato de o carro ser bem maior em todos os aspectos. Não era apenas mais comprido, largo e alto, mas tinha bitolas e entre-eixos maiores a fim de auxiliar a aderência e o espaço interno. Era também muito mais bem equipado do que seu antecessor: vidros elétricos, controle de climatização e um sistema de som integrado; tudo isso pesava na balança. Tampouco ajudava o fato de sua versão com tração traseira ter o mesmo assoalho da 4x4 – o que causava aumento do peso.

Quando o Diablo foi apresentado à imprensa internacional, Luigi Marmiroli, diretor-técnico da Lamborghini, foi franco a respeito dos problemas (oposição) enfrentados pela empresa. Disse ele: "O nosso objetivo foi dar um grande passo em relação ao

Acima: Os primeiros folhetos promocionais eram elegantes e discretos.

À extrema esquerda: O chassi protótipo do Diablo.

À esquerda: A estrutura básica inicial do Diablo.

LAMBORGHINI

À direita: O Diablo era muito aguardado pelas revistas de automóveis, todas as quais lhe deram ampla cobertura.

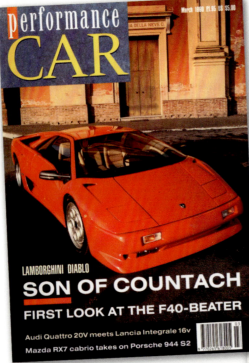

Countach, assim como ele foi um avanço comparado ao Miura. Mas, quando a Lamborghini fez o Miura, as coisas eram muito diferentes. Não havia toda essa regulamentação e não havia limites para a imaginação dos engenheiros e projetistas. A distância entre o Miura e qualquer outro carro comum era enorme – essa distância se reduziu atualmente. Com o Diablo, estamos tentando aumentá-la de novo".

Parte do problema estava no fato de que a Lamborghini queria produzir apenas um derivado do Diablo para ser vendido em todos os mercados do mundo. Um exemplo

102

da oposição enfrentada por Gandini está nas diferenças entre as regras dos faróis. Quando o Countach Anniversary foi projetado, os carros europeus tinham faróis distantes cerca de 30 cm do solo, mas nos carros americanos essa distância não podia ser inferior a 50,8 cm da pista.

A caixa de câmbio era ainda manual de cinco marchas, e, no começo, havia somente tração traseira – mas, quando o modelo VT (*viscous traction*, ou "tração viscosa") surgiu em 1994, vinha equipado com tração nas quatro rodas. Embora a direção servo-assistida não fosse fornecida no início, tornou-se equipamento de série a partir de 1994.

A suspensão, totalmente previsível, tinha um arranjo independente em torno dos braços triangulares superpostos em cada canto. Havia um amortecedor individual para cada roda dianteira, e, para as traseiras, pares individuais de amortecedores – e também, é claro, barras estabilizadoras dianteiras e traseiras. Tudo isso montado em um chassi construído de tubos de aço quadrados e estrategicamente reforçado com fibra de carbono.

Também previsíveis eram as rodas e os pneus enormes, com uma grande disparidade de tamanhos entre os dianteiros e os traseiros. Na frente ficavam aros de $8\frac{1}{2}$ x 17 pol. com pneus 245/40, e na traseira as rodas mediam 13 x 17 pol., com pneus 335/35.

Enquanto as especificações eram imponentes, o que impressionava era a atenção aos detalhes. Os proprietários de Countach nunca esperaram que seu sistema de ar-condicionado funcionasse de fato. Mas o do Diablo era eficiente, ainda que deixasse a desejar. Sua cabine não chegava a ser um desastre ergonômico, e a adaptabilidade e o acabamento valiam o preço pago pelo carro – embora não fosse isento de defeitos. A carroceria não era tão rígida quanto deveria ser, e o desenho do painel causava um desagrado praticamente universal. Ainda assim, o carro estava correto e os desenvolvimentos posteriores sempre poderiam resolver esses problemas.

Na página ao lado e à direita: Mais uma vez, os primeiros carros apresentavam o desenho mais puro.

LAMBORGHINI

À direita: O esquecido Monte Carlo Centenaire carecia de credibilidade desde o início.

Vendendo a prata da família

Os donos americanos da Lamborghini não fizeram uma aquisição muito tranquila: desde o início, as vendas foram difíceis e, com a chegada dos anos 1990, as chances de melhora eram poucas. Assim, o faturamento tinha de ser gerado por quaisquer meios possíveis, razão pela qual o motor V12 da Lamborghini foi oferecido a empresas que poderiam, em tese, ser suas concorrentes. A primeira delas foi a Monte Carlo Centenaire – embora ela nunca tenha confirmado que esse supercarro esquecido tenha sido equipado com um V12 de Sant'Agata.

Quando o Centenaire foi apresentado no Grande Prêmio de Mônaco, não havia jornalistas entre os convidados e nenhuma fotografia da maquete em tamanho real foi autorizada. Para um fabricante de supercarros iniciante, evitar publicidade era, no mínimo, estranho. O responsável pelo projeto era Fulvio Maria Ballabio, que, no lançamento do Centenaire, disse que o novo carro seria equipado com motor V12 da Lamborghini, na versão de 5,2 litros e 48 válvulas. Vinte unidades seriam fabricadas, com a produção iniciando-se em 1991.

No entanto, na apresentação da Monte Carlo, Gianfranco Venturelli, o diretor-gerente da Lamborghini, deixou claro que não havia acordo entre as duas empresas. Venturelli disse que, embora não houvesse nenhum acordo de fornecimento de motores para os carros de passeio, haveria duas unidades com especificações de competição à disposição da Monte Carlo para que ela participasse do Giro D'Italia 1991 – após o qual a Lamborghini seria presenteada com um dos carros para sua coleção. Embora o projeto parecesse ter fracassado antes mesmo de decolar, ele reapareceu em 1992, quando se anunciou que ainda havia planos para fabricar 20 carros por ano – desta vez equipados com motores V12 de 7 litros e 720 cv projetados por Carlo Chiti. Foi dito ainda que o carro de fibra de carbono custaria mais de 205.000 libras e teria capacidade de chegar a 336 km/h – mas, para surpresa de ninguém, ele desapareceu, logo em seguida, sem deixar pistas.

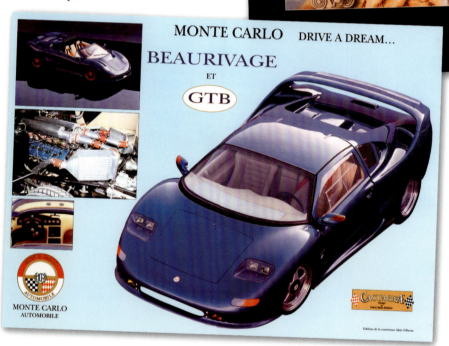

Abaixo: Quase nada identificava o novo Diablo com tração nas quatro rodas.

O Diablo passa a ter tração nas quatro rodas: o VT

Com a potência dos supercarros aumentando sem parar, era inevitável que chegasse o momento em que os sistemas de controle de tração não poderiam mais ser deixados de lado. Afinal, com a potência dirigida a apenas duas rodas, haveria sempre um limite para o tempo que levaria até que esses carros fossem retirados de linha. A solução seria construir um carro com tração em todas as rodas, de forma que a potência fosse mais bem aproveitada. Esse carro era o Diablo VT, que surgiu em 1993 no Salão de Genebra. Foi o segundo derivado do Diablo já lançado, e as letras VT significavam "tração viscosa".

O plano original era lançar ao mesmo tempo as duas versões do Diablo, com tração nas duas e nas quatro rodas. Isso não aconteceu porque estava claro que a versão com tração nas quatro rodas ainda precisava se desenvolver mais quando o carro com tração nas duas rodas estava pronto para ser comercializado. Com o Countach cada vez menos competitivo, era preciso substituí-lo o quanto antes. Então, decidiu-se lançar depois a versão 4x4 do Diablo.

O DIABLO SUBSTITUI O COUNTACH

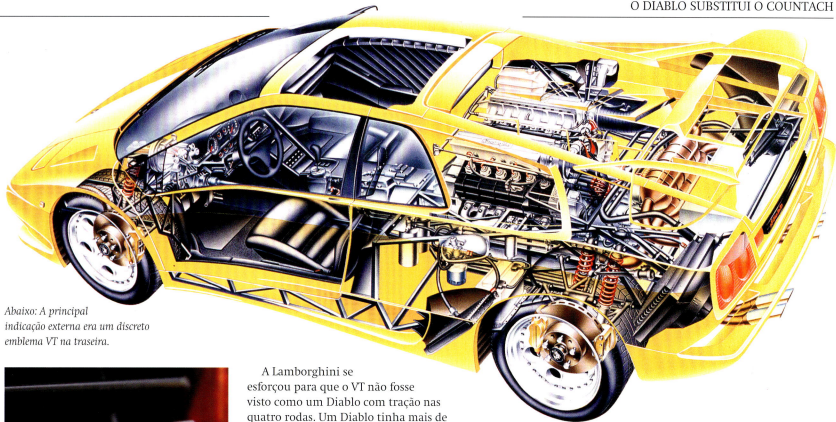

Abaixo: A principal indicação externa era um discreto emblema VT na traseira.

Acima: Esta visão em corte mostra a amplitude das mudanças feitas para mudar a tração traseira do Diablo para uma tração nas quatro rodas.

A Lamborghini se esforçou para que o VT não fosse visto como um Diablo com tração nas quatro rodas. Um Diablo tinha mais de 6.000 peças e mais de um quarto delas foi redesenhada para o VT. Com um diferencial na dianteira, a potência era alimentada através de um acoplamento, por meio de uma árvore de transmissão que saía da frente da caixa de marchas. Em condições normais, apenas as rodas traseiras eram tracionadas, mas, se perdessem tração, até 25% da potência seria direcionada às dianteiras. Embora a tecnologia aumentasse o peso do Diablo, não havia perdas extras de transmissão durante o funcionamento normal, e a Lamborghini declarou que as velocidades máximas eram idênticas (de 325 km/h) para os modelos VT e normal.

O objetivo do VT era ser um supercarro capaz de liberar sua potência sem que a traseira derrapasse pelas ruas como se fosse a largada de uma corrida. Mas não se tratava apenas de assegurar uma boa arrancada; ao direcionar 25% do torque às rodas dianteiras, o sobre-esterço podia ser reduzido quando o trajeto se tornasse escorregadio. Já seria ruim

O Lamborghini Diablo VT e seus concorrentes em 1994

Marca e modelo	Velocidade máxima (km/h)	0-96,5 Km/h (segundos)	0-160 km/h (segundos)	0-402 m (segundos)	Consumo (km/l)	Preço total (libras)
Aston Martin Vantage	305*	4,6	10,1	12,9	4,1	177.600
Bugatti EB110	339*	4,5	9,6	12,8	6,6	285.500
Ferrari 512TR	280	5,0	10,7	13,2	5,2	131.000
Ferrari 456GT	309*	5,1	11,6	13,5	4,2	145.999
Jaguar XJ220	357	3,6	7,9	11,7	4,8	403.000
Lamborghini Diablo VT	325*	5,1	10,8	13,6	4,5	160.000
McLaren F1	370	3,2	6,3	11,1	5,3	635.000
Porsche 911 Carrera 2	256	5,2	12,9	13,8	6,8	53.995

* Velocidade máxima anunciada pelo fabricante. Outros números de desempenho retirados da revista *Autocar*

LAMBORGHINI

À direita: No motor do VT, o compartimento era como o do Diablo normal.

Abaixo: O painel do VT também se parecia muito com o do modelo de tração nas duas rodas.

No pé da página: Este Diablo VT 1993 parece igual ao modelo normal, exceto pelos espelhos das portas na cor da carroceria.

para um motorista experiente, e, se o proprietário típico de um Diablo seria capaz de virar uma esquina derrapando sem entrar em pânico, era outra história.

O VT era mais que um Diablo 4x4 em outros aspectos; ele tinha amortecedores com controle eletrônico, que tornava mais firme a suspensão à medida que a velocidade aumentava. Até 130 km/h, o rodar era bem macio, mas entre essa velocidade e os 193 km/h, o conjunto ia, aos poucos, ficando duro; a 249 km/h, o rodar ficava firme para manter a condução do carro tão precisa quanto possível. Embora houvesse certa automação, o motorista podia também selecionar qualquer programa por um controle no painel; se uma condução suave demais fosse selecionada a alta velocidade, o sistema mudava a seleção até que a velocidade fosse reduzida mais uma vez.

A direção do VT teve as válvulas recalibradas em relação ao modelo normal, de maneira que se firmasse mais quando a velocidade aumentasse. O detalhe final acrescentado pela Lamborghini foi um novo conjunto de pinças de freio de liga de alumínio, destinadas a aumentar a sensibilidade e diminuir o aquecimento e a redução da eficácia dos freios durante o uso intenso prolongado.

Sai Chrysler, entra MegaTech

Em 1993, a Chrysler vendeu o negócio para a MegaTech, das Bermudas, por estimados US$ 40 milhões. A Lamborghini trocou oficialmente de mãos em 31 de janeiro de 1994. Com apenas um modelo em linha (o Diablo), a Lamborghini vendera todos os 205 carros em 1992 – perdendo 23 milhões de libras no processo. Quando a MegaTech assumiu, o preço pago parecia bastante alto. A Lamborghini só vendera 104 unidades do Diablo no primeiro semestre de 1993, então não era lá muito lucrativa.

O homem que comandava a MegaTech era a estrela de rock e industrial indonésio Setiawan Djody, embora Hutomo Mandala Putra (conhecido como "Tommy" Suharto) tivesse entrado com a maior parte do investimento – ele era filho do ditador indonésio Haji Mohammed Suharto. Com uma fortuna calculada em US$ 800 milhões, Suharto tinha dinheiro de sobra para investir na Lamborghini, mas seu envolvimento com a empresa jamais a levaria à sua tão necessária estabilidade.

Após as comemorações do 30º aniversário da empresa, a MegaTech declarou a intenção de "reviver o altíssimo perfil exclusivo da mística Lamborghini", embora o grupo não tivesse fundos suficientes para seguir uma trilha de solidez financeira. Embora Djody falasse em criar um novo pequeno carro, além de um modelo de quatro lugares com as linhas do extinto Espada, nenhum novo carro surgiria sob a direção da MegaTech.

Uma das primeiras coisas que os novos donos fizeram foi despedir todos os funcionários americanos e ingleses que a Chrysler havia encarregado de tocar a Lamborghini – trazendo o ex-chefe da Lotus, Mike Kimberley, para ocupar o cargo de presidente. Sem nenhuma experiência na fabricação de carros, estava claro que Djody e Suharto não sabiam o que estavam fazendo. Um de seus primeiros planos malucos foi voltar a produzir o fora de estrada LM. Considerando que apenas cerca de uma dúzia de exemplares do modelo havia sido vendida no último ano em que ele foi produzido (1991), ressuscitar esse mamute não fazia sentido algum.

No final dos anos 1990, Suharto seria condenado a 18 meses de prisão por

O DIABLO SUBSTITUI O COUNTACH

corrupção. Ele, no entanto, desapareceu, e quando o juiz que o havia condenado foi morto a tiros, Suharto passou a ser também procurado por assassinato. Pouco tempo depois desse episódio, Haji Mohammed Suharto foi obrigado a renunciar ao cargo de presidente da Indonésia, o que gerou um período geral de instabilidade não só para a família Suharto, mas também para o país. Disso a Lamborghini não precisava.

O SE30 do 30º aniversário

Se você estiver conversando com o dono de um SE30 e se referir ao carro como Diablo, prepare-se para uma saraivada de agressões verbais. Eles gostam de dizer uma besteira: o carro não é um Diablo, já que não ostenta nenhum emblema dele. É como se o dono de um Vanden Plas 1500 afirmasse que o carro não é um Allegro, apesar do

Acima: Não há emblemas Diablo na edição do 30º aniversário do carro; em vez disso, ele é conhecido como SE30.

À esquerda: Como em alguns (mas não todos) Diablos anteriores, Marcello Gandini colocou uma referência ao seu nome nas laterais do SE30.

107

LAMBORGHINI

fato de que se este não houvesse existido, tampouco existiria aquele. Ainda assim, é possível entender por que o dono de um Vanden Plas desejaria negar ser proprietário de um Allegro – mas por que qualquer possuidor de um SE30 desejaria renegar um Diablo?

Fabricado para comemorar os 30 anos de existência da Lamborghini, o SE30 foi criado para provar ao mundo que a Lamborghini ainda era a maioral, capaz de superar qualquer outro fabricante de supercarros. Esse seria o mais veloz e melhor supercarro que saiu pelos portões de Sant'Agata. Quando a *Autocar* o testou em sua edição de 10 de maio de 1995, Steve Sutcliffe disse: "Ao atingir 96,5 km/h em 4,2 segundos, 160 km/h em 9,3 segundos, e 240 km/h em 21 segundos exatos, o SE30 não só escreveu uma nova página no livro de recordes como é o terceiro carro mais veloz que nós já

À direita: O defletor dianteiro bem mais baixo do SE30 dá ao carro ainda mais presença do que tem o Diablo normal.

O DIABLO SUBSTITUI O COUNTACH

À esquerda: Felizmente, a Lamborghini não viu necessidade de expressar um entusiasmo exagerado com adereços na carroceria desta edição especial.

testamos, depois do Jaguar XJ220 e do McLaren F1. Ele também superou o Bugatti RB110GT, a Ferrari 512 TR e o Aston Martin Vantage, e provou que a Lamborghini voltou aos bons tempos, fabricando carros que vão além de apenas parecer que podem ultrapassar o diabo".

Alguns dos clientes da Lamborghini haviam pedido um Diablo mais específico, com o qual pudessem praticar corridas de clube nos fins de semana e ainda utilizá-lo no dia a dia. Um pouco mais de potência e bem menos peso seriam necessários – além de menor complexidade, se possível. Assim, ao retirar o sistema de tração nas quatro rodas e a maior parte dos itens de luxo e isolação

Acima: Ninguém compra um Diablo por sua capacidade de transporte de bagagem...

À esquerda: O motor do SE30 estava desenvolvido o bastante para liberar mais 33 cv.

109

LAMBORGHINI

Acima: Havia poucas cores disponíveis para o SE30; o lilás metálico desse carro era uma das mais populares.

Abaixo: O interior tinha acabamento de Alcantara e fibra de carbono.

aprimoramentos no chassi; algo crucial para o carro derrotar seus concorrentes. Os ajustes de molas e amortecedores foram mais estritos e cuidadosos, enquanto a dureza das barras estabilizadoras podia ser ajustada de dentro da cabine. As rodas tiveram o diâmetro aumentado em uma polegada, ficando então com 18 pol., e, quando equipadas com pneus Pirelli P-Zero 335/30, não havia diminuição de tração – mesmo com tração apenas nas rodas traseiras.

Ninguém poderia jamais dizer que o Diablo era discreto, mas a versão mais recente do carro (até então) necessitava de atenção extra do departamento de estilo para assinalar o avanço.

sonora do interior, significativos 150 kg foram reduzidos do peso total. Os vidros elétricos e o sistema de som desapareceram, além de boa parte do couro do acabamento, substituído por fibra de carbono no painel de instrumentos e nas laterais.

Numa tentativa de aumentar a potência, o virabrequim ficou 6,8 kg mais leve, os coletores de admissão de aço foram substituídos por outros de magnésio, e a resposta à aceleração melhorou pela otimização do sistema de indução. O resultado desses ajustes foi um aumento de 33 cv, para 525 cv a 7.100 rpm, mas o torque permaneceu em 59,17 mkgf – embora isso fosse desenvolvido a mais 700 rpm, na faixa de 5.900 rpm. Pode ter parecido muito pouco, mas foi, na verdade, bastante útil.

Para aproveitar ao máximo essa potência extra, havia uma grande quantidade de

À esquerda: Este carro em particular veio equipado de fábrica com cintos de segurança de corrida.

Enquanto as rodas eram ainda maiores e tinham um desenho diferente, os detalhes extras da carroceria davam ao carro sua aparência mais emocionante. Além de um defletor dianteiro mais baixo, havia um aerofólio traseiro maior, aletas extras na tampa do motor e tomadas laterais.

Dentro, tudo era feito da mesma maneira, com muita fibra de carbono em evidência: o túnel de transmissão, a alavanca de câmbio e os bancos em concha eram feitos com ela. Com mostradores brancos e muita Alcantara, o SE30 se parecia muito mais com um carro de corrida de rua do que um Diablo de rua. Não que esse carro fosse um Diablo, claro... Apenas 150 exemplares dele foram feitos entre 1993 e 1997.

O DIABLO SUBSTITUI O COUNTACH

Acima: Acredita-se que este SE30 tenha sido fabricado para Tommy Suharto, razão pela qual apresentava algumas características exclusivas. Os cintos de segurança de corrida significavam apenas um detalhe; havia também macacos pneumáticos em cada canto do carro. Pode-se imaginar que ele tenha participado de alguma corrida com seu Lamborghini, embora não haja evidências disso.

À direita: O que denunciava o Jota eram as entradas de ar sobre o capô do motor.

O SE30 Jota

Para algumas pessoas, muito não é o suficiente. Pode-se imaginar que, com o SE30 já excedendo em muito um Diablo normal em quase todos os aspectos, não haveria necessidade de ir além. No entanto, não era esse o caso, e, no começo de 1995, a versão Jota do SE30 foi apresentada. Este era um conjunto que podia ser aplicado a qualquer SE30, se algum proprietário julgasse que o desempenho do carro fosse insuficiente.

A retirada dos catalisadores e silenciadores e a revisão do sistema de gerenciamento do motor permitiram extrair 12% mais potência do V12. Isso significava 590 cv à disposição do motorista, mas havia um preço a pagar, pois o carro se tornou barulhento a ponto de ensurdecer quem estivesse por perto e se aproximasse demais.

Por mais 17.000 libras além do preço do SE30 normal, os proprietários do Jota só estavam mesmo comprando um punhado de potência extra, porque o interior e o exterior foram mantidos iguais aos do SE30. À exceção de um par de tomadas de ar logo acima do teto, não

havia nenhuma mudança externa – mas fora isso o SE30 não ficava nada a dever, por dentro ou fora.

Para ajudar o motor a fornecer mais impulso, um sistema de admissão de ar foi revisado e complementado com um par de coletores de admissão com mecanismos de acelerador revisados. Isso dava controle completo sobre a pressão do ar que alimentava o motor, enquanto a contrapressão de escapamento podia também ser ajustada, dependendo da carga do motor. Completando o conjunto, o gerenciamento de motor foi revisado e houve ajustes das árvores de comando de válvulas.

O resultado final de todo esse trabalho foi um carro com uma relação potência-peso de 397 cv por tonelada, suficiente para levá-lo de 0-100 km/h em apenas 3,8 segundos. Segundo a fábrica, o Jota podia chegar a 333 km/h, embora os técnicos da Lamborghini avaliassem que podia atingir 354 km/h.

Abaixo: No legítimo estilo de carro de corrida, havia janelas laterais fixas com fendas pequenas e deslizantes para a ventilação.

O DIABLO SUBSTITUI O COUNTACH

Elevando o teto

Segundo a Lamborghini, o Diablo Roadster significava um marco no sentido de ser o primeiro conversível de linha da companhia. Apesar da afirmação da empresa, o Roadster era pouco mais que uma versão de teto targa do Diablo, mesmo o arranjo do teto sendo muito elegante. Mas, muito importante, 20 anos antes havia existido o Silhouette, depois o Jalpa, com a mesma configuração de teto targa. De qualquer ângulo que se visse o Roadster, ele foi, no entanto, o primeiro carro de linha de teto aberto da Lamborghini com motor V12, motivo suficiente para comemorar.

O Roadster de série só foi lançado após o Salão de Bolonha, em dezembro de 1995, mas antes, o Salão de Genebra de 1992 mostrou um protótipo. O carro foi aclamado pela crítica, assim, tratava-se apenas de uma questão de tempo até que fosse colocado no mercado. A nova disposição do teto foi obra de Marcello Gandini, que tinha de apresentar um jeito de arrumar o painel removível quando não havia realmente nenhum lugar para colocá-lo. Ele teve a ideia de acondicioná-lo sobre a tampa do motor, uma solução muito elegante, já que podia ser travado no lugar por um dispositivo eletropneumático. O painel em si consistia em um par de painéis de fibra de carbono separados por material isolante, o conjunto todo pesando apenas 7,5 kg. Travado na posição sobre a cabine por um par de trincos na frente e outro atrás, o painel não podia ser movido quando acondicionado sobre o compartimento do motor, a menos que o carro estivesse parado e com o freio de mão acionado.

Cortar e tirar o teto de um carro nunca é uma boa ideia, levando em conta sua integridade estrutural, de modo que muito trabalho teve de ser feito para assegurar que o Roadster não viesse a ter a rigidez torcional de um pudim.

Com exaustivas análises de elementos finitos e simulações em computadores, a Lamborghini afirmou que o Roadster era tão rígido quanto o cupê, apesar de não ser mais pesado. Em consequência, a dirigibilidade e o desempenho do carro não foram afetados de forma negativa pela transformação do cupê em Roadster. Ainda assim, esses pensamentos estavam, sem dúvida, muito distantes das mentes dos poucos afortunados que podiam comprar um Roadster...

Gandini estava muito comprometido em assegurar que o Roadster não fosse visto apenas como um cupê de teto removido. Para isso, havia inúmeras outras mudanças estilísticas que acompanhavam a novidade. Embora o Roadster fosse o mesmo que o cupê, o para-choque dianteiro foi remodelado, tornando-se mais angular do que antes; também foram incorporados

Acima: O Diablo Roadster estreou no Salão de Bolonha de 1995.

Acima: O Diablo Roadster era realmente mais que um targa.

À direita: No entanto, a disposição do teto parecia ainda mais engenhosa, já que era recolhida acima do compartimento do motor.

LAMBORGHINI

À direita: A cabine foi mantida inalterada em relação à do cupê.

Abaixo: As alterações externas em relação ao cupê eram sutis, mas havia várias.

indicadores de direção e faróis de neblina redesenhados. O para-brisa e a coluna dianteira foram posicionados mais baixo do que o usual, o que demandou um desenho diferente da porta e da janela. Devido à necessidade de manter livre o mecanismo do teto preservando as portas de ação de tesoura, as janelas descem automaticamente entre 15 e 20 mm assim que se pressionava a maçaneta para se entrar no veículo ou sair dele.

Os para-lamas traseiros foram modificados para o Roadster, apresentando um novo estilo de entrada de ar acima dos arcos das rodas para permitir que o V12 se mantivesse resfriado a baixas velocidades. Afinal, os compradores do carro o adquiriam talvez mais para impressionar os outros do que por suas qualidades esportivas. Por conta da forma de acondicionamento do teto, foi necessário revisar totalmente a tampa do motor; o sistema de escapamento e as rodas também foram modificados em relação ao cupê. Isoladamente, nenhum desses elementos parecia óbvio, mas quando o conjunto todo foi montado, ficou muito diferente do seu irmão cupê.

Houve mudanças também no interior do Roadster, pois o interior de couro foi todo redesenhado. Com o revestimento especialmente tratado para protegê-lo de intempéries, havia novas cores disponíveis, que não podiam ser especificadas no cupê. Ele recebeu ainda um sistema de som Alpine aprimorado, para que os ocupantes do carro pudessem ouvi-lo melhor quando passavam a 25 km/h por pessoas passeando, sentindo os olhares de admiração.

Por baixo, não havia nenhuma mudança em relação ao cupê, o que significa que todos os Roadster tinham tração nas quatro rodas. Como foi introduzido como ano-modelo 1996, isso também significava que todos os exemplares eram equipados com um sistema de elevação eletro-hidráulico, que permitia elevar o carro 4,45 cm para transpor lombadas ou outros obstáculos semelhantes.

Com o motor V12 de 5,7 litros instalado atrás da cabine, a Lamborghini dizia que o carro podia atingir 325 km/h, o que fazia dele o conversível mais veloz do mundo.

Diablo SV

Com um nome que soa como nos dias de glória do Miura, o Diablo SV do começo de 1996 foi o carro mais definido que a Lamborghini construiu ao longo de vários anos. Bem, isso é o que o pessoal da publicidade teria feito você pensar. Trinta anos após o lançamento do Miura, não era segredo que a Lamborghini havia de certa forma perdido o rumo em relação ao desenvolvimento de seu carro V12 de dois lugares. Embora o Diablo parecesse espetacular e fornecesse potência e desempenho à vontade, seu propósito parecia bastante obscuro. Ele havia se tornado algo que tinha muito a ver com luxo e velocidade, mas seu chassi era um tanto macio demais para motoristas realmente aficionados. Não só isso, mas vários rivais ofereciam toda a emoção que o Diablo proporcionava, muitas vezes por preços bem mais baixos.

O necessário era um Diablo com o único objetivo de proporcionar uma experiência emocionante ao volante – e o SV era para isso mesmo.

O novo modelo tinha como objetivos principais oferecer um carro que transportasse menos peso, tivesse melhor aceleração e um chassi mais afiado. Como o Diablo era pesado demais, tirar-lhe alguns quilogramas não seria tão difícil. Em vez de retirar itens de equipamento, optou-se por utilizar mais ligas e fibra de carbono nos painéis da carroceria. Também, com a remoção do sistema VT, o peso do carro caiu de 1.625 kg para 1.576 kg, uma redução pequena, mas compensadora.

O magnífico V12 foi mantido quase sem modificações, embora houvesse condição de liberar um pouco mais de potência. Com um pequeno acréscimo, de 492 cv para 510 cv, o SV ficava mais rápido através das marchas graças ao encurtamento delas em 8%. Embora somente 0,1 segundo tenha sido reduzido no tempo de 0-100 km/h, o SV era muito mais divertido de acelerar pelas marchas – mas a velocidade máxima era bastante inferior à do carro de série. Todavia, com a capacidade de atingir 298 km/h, não havia muitas possibilidades de reclamações de proprietários insatisfeitos. Para melhorar o chassi, molas e amortecedores aprimorados proporcionavam uma condução mais firme, já os discos de freio maiores (355 mm na frente e 335 mm na traseira) aumentaram o poder de frenagem.

Então, os vizinhos saberiam que seu Diablo não era apenas um modelo comum ou um derivado qualquer. Havia uma variedade de mudanças cosméticas para distinguir o SV de seus irmãos inferiores. Na frente, os dutos de ar maiores ajudavam a manter frios os discos de freio. Onde antes havia vários dutos de ar espalhados pelo carro, no SV, eles tinham uma malha para dar uma aparência mais elegante. A tampa do motor também foi trocada por uma nova que tinha dutos duplos – algo já visto antes no Diablo SE Jota, inspirado em Le Mans. Para completar, novas rodas de liga e um aerofólio traseiro de um só plano.

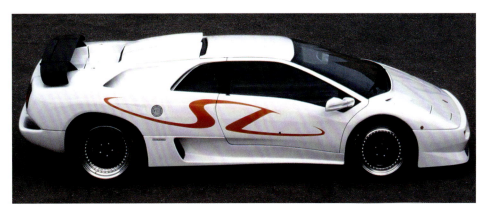

Acima e abaixo: A maioria das mudanças no Jota em relação ao SV normal era sutil; caso os vizinhos não as notassem, havia um grande SV desenhado nas laterais do carro.

LAMBORGHINI

À direita e abaixo: A série de competição SV-R mostrou-se popular entre os pilotos e espectadores, com 31 exemplares fabricados no total.

O Diablo vai à competição: o SV-R

A chegada do Diablo SV trouxe consigo uma esperança de que talvez houvesse a possibilidade de a Lamborghini enfim participar oficialmente do automobilismo. Mas mesmo não tendo a intenção de se envolver em corridas, ao lançar o SV-R no começo de 1996, a fábrica criou uma chance para ricos pilotos amadores. Feito somente para as pistas, não era possível obter a homologação do SV-R para uso nas ruas – afinal, o SV existia para este propósito –, apenas 31 SV-R foram fabricados em 1996.

No SV-R, o V12 de 5,7 litros gerava 540 cv a 7.100 rpm e 60,8 mkgf de torque a 5.200 rpm, tracionando as rodas traseiras apenas com uma caixa de câmbio manual de cinco marchas. Para a frenagem, havia discos dianteiros de 355 mm e traseiros de 335 mm. As rodas eram maiores, de liga, com 18 pol., mas mantiveram as larguras-padrão dos aros. Já os pneus ficaram diferentes: 235/615 na frente e 330/675 na traseira. Esse era o mais comprido de todos os Diablos, medindo no total 4,5 metros. A fábrica anunciava uma velocidade máxima de 305 km/h, com uma aceleração de 0-100 km/h em 3,9 segundos. O SV-R foi desenvolvido, em especial, para o Troféu Supersport Lamborghini Philippe Charriol, parte da série BPR International Endurance GT. A ideia era lançar uma série de corridas que duraria três anos e, considerando que, antes de fevereiro de 1996, o projeto SV-R ainda não havia começado a caminhar, impressionou muito que em meados de junho houvesse um grupo de 28 carros alinhados e prontos para correr em Le Mans.

Na primeira temporada, Sant'Agata patrocinou o Lamborghini Class Challenge, com ambas as categorias, amadora e profissional. Na segunda e terceira temporadas, a LeasePlan France pôs a mão no bolso para fornecer um carro de dois lugares ao razoável custo de 175.000 libras. Considerando que esse montante pagou o carro, todos os gastos da corrida e o conserto de quaisquer danos decorrentes de acidentes, pode-se dizer que foi uma pechincha – ainda mais quando quem pagou a conta ficou com o carro.

Na página ao lado, acima: O M12 era quase o passo final na tortuosa vida do supercarro Vector.

Na página ao lado, abaixo: Cerca de 25 exemplares do GT2 devem ter sido fabricados, mas o projeto foi encerrado após a construção deste protótipo.

A MegaTech cai fora

O outro supercarro esquecido com motor V12 da Lamborghini era o M12 da Vector – um carro que antes se chamava AWX-3, equipado com um motor simples V8 americano de 6 litros. O motivo da reengenharia era que a Vector Automotive estava tendo os mesmos problemas da Lamborghini – não conseguia encontrar compradores suficientes para seus carros. A MegaTech, que gostava de empreitadas difíceis, comprou a empresa e resolveu aproveitar alguma economia de escala ao instalar o motor V12 da Lamborghini numa tentativa de aumentar a reputação do carro e, ao mesmo tempo, reduzir custos de fabricação.

O M12 estreou no Salão de Detroit de 1996, onde se anunciou que eram esperados cem compradores para o carro de US$ 184.000 em seu primeiro ano de produção. Quando o total real surgiu em números modestos, a MegaTech resolveu cair fora e vendeu a empresa para os seus diretores. No entanto, havia um acordo vigente para fornecer os motores V12 aos novos donos da companhia – mas quando a Lamborghini deixou de honrá--lo, a Vector foi obrigada a reprojetar o carro mais uma vez. Em sua nova versão, com um motor Corvette, ele recebeu o nome de SRV8 – somente um protótipo foi construído antes de a empresa, mais uma vez, fechar as portas.

O Diablo GT1 e o GT2

Embora tenha havido Diablos de corrida como o SV-R e o GT-R, eles sempre foram desenvolvidos na Lamborghini. O GT1 de 1997, cooperação com a companhia francesa SAT (Signes Advanced Technology), teve a Lamborghini executando uma parte pequena do trabalho.

A SAT começou a trabalhar no projeto em 1996, com a ideia de criar um Diablo de competição confiável, mas potente, com muita atenção dirigida a cada aspecto do carro. Além de suspensão, freios, motor e transmissão, a SAT também gastou boa parte do tempo tentando reduzir o arrasto e a elevação, modificando os painéis da carroceria. Mesmo sem um aerofólio traseiro, o GT1 ainda parecia emocionante, graças ao seu grande defletor dianteiro e às tomadas de ar e dutos extras na parte de baixo de cada lateral. Embora não

117

haja números oficiais sobre o desempenho dos carros, não é segredo que eram hiper-rápidos, graças ao motor de 6 litros que gerava não menos que 655 cv.

O projeto ia razoavelmente bem até 1998, quando, mais uma vez, a Lamborghini se viu em situação financeira difícil. A SAT então resolveu cair fora, mas não antes de dois carros terem sido construídos. Ambos sobreviveram, um no Japão e outro na fábrica da SAT em Toulon.

Como sequência do GT1, o GT2 estreou no Salão de Copenhague, em 1998. No início, o carro não seria colocado à venda; em vez disso, ele se destinava apenas a mostrar o que era possível em termos de desenvolvimento do Diablo para competições. Mas foi identificada uma oportunidade de produzir 25 exemplares de rua, com 640 cv e 64,3 mkgf de torque. Isso se devia em parte a um limite de rotações aumentado, mas também foi importante o aumento da cilindrada do motor, de 5,7 litros para 6. Como em todos os Diablos, era possível escolher as engrenagens e as relações de transmissão finais; a carroceria foi modificada, com faróis embutidos em vez dos antigos escamoteáveis. O chassi foi também reforçado, graças à adição de fibra de carbono. Havia ainda bitolas mais largas e discos de freio maiores para melhorar o desempenho nas curvas e a capacidade de frenagem.

O carro custava 228.000 libras e anunciou-se que, em meados de 1998, 25 exemplares homologados para rodar nas ruas estariam à venda. Todavia, foi nessa época que a Audi iniciou seu processo de compra da Lamborghini, e o projeto foi abandonado durante as negociações – embora algumas características dos GT2 viessem a ser encontradas nas várias versões do Diablo normal.

O Heuliez Pregunta

Com um nome tão deselegante quanto suas linhas, o Heuliez Pregunta foi apresentado no Salão de Paris de 1998. Este fabricante francês de ônibus é conhecido por suas esquisitas conversões de carrocerias de vários carros, em especial, de ícones como o Citroën SM, e o Pregunta não causou exatamente uma melhora na aparência do Diablo de série.

Com suas linhas inspiradas nos aviões de caça, o Pregunta deveria dar a impressão de estar em voo supersônico a um simples olhar. Até o interior era revestido com as mais novas engenhocas tecnológicas para impressionar mais. O painel de instrumentos de estilo Fórmula 1 foi construído pela Magneti-Marelli, e havia ainda cintos de segurança de quatro pontos e navegação por satélite. Embora a carroceria de fibra de carbono fosse nova, não havia mudanças sob ela. Isso significa que o motor Diablo de 5,7 litros e 530 cv e a caixa de câmbio manual de cinco marchas foram mantidos na íntegra, com tração apenas nas rodas traseiras.

Quer saber a razão da escolha do nome Pregunta? Bem, a palavra significa "pergunta" em espanhol. Heuliez tinha noção de que poucas pessoas imaginavam o que a empresa significava e do que era capaz, então esse conceito deveria fazer as pessoas se perguntarem o quanto sabiam sobre ela. A realidade é que elas apenas perguntavam por que o carro era tão feio.

A Audi fecha a compra

Quando a Audi comprou a Lamborghini integralmente, em 1998, ela se tornou a décima proprietária da empresa. Foram dez donos em apenas 35 anos – o que apenas mostra que fabricar supercarros pode ser algo glamoroso, mas pouco oferece em termos de estabilidade financeira. Ainda assim, isso não importava para a Audi, que podia comprar a Lamborghini por uns trocados.

O envolvimento da Audi com a Lamborghini começou em janeiro de 1998, quando os italianos se aproximaram dos alemães com a intenção de comprar a transmissão S8 quattro. Ela era necessária para o futuro carro pequeno da Lamborghini (que viria a ser o Gallardo), mas a Audi logo percebeu que a Lamborghini estava sendo gerida com grande escassez de caixa. Assim, no início, ela recebeu uma oferta para adquirir uma participação na Lamborghini, mas a proposta não foi atraente para os alemães. Eles queriam tudo ou nada, e, em julho de 1998, a Lamborghini passou efetivamente a ser controlada pela Audi.

Em 1997, a Lamborghini havia produzido apenas 209 carros, dois a menos que os 211 do ano anterior. Na verdade, a produção anual média durante os anos 1990 foi de 200 carros, logo, a Lamborghini não teria dinheiro suficiente para desenvolver novos modelos. O plano da Audi era desenvolver dois novos modelos por apenas 18,5 milhões de libras, o que levaria a companhia a começar a ter lucros em cinco anos. Naquela época, haveria então a possibilidade de lançar uma terceira linha de modelos.

Abaixo: As linhas do Pregunta eram desafiadoras, para dizer o mínimo.

Especificações: Diablo (pré-1998)

MOTOR

Descrição
Traseiro central, transversal, V12 a 60° com bloco inteiriço e cárter de alumínio fundido, com camisas de ferro fundido montadas por encolhimento. Dupla árvore de comando de válvulas por bancada, tuchos de aço tipo copo invertido atuando com válvulas inclinadas. Pistões de cabeça côncava com três anéis, bielas de aço. Virabrequim de aço cromo-níquel endurecido de sete mancais usinado de material em bruto

Cilindrada
5.707 cm³

Diâmetro e curso
87,0 mm x 80,0 mm

Taxa de compressão
10,0:1

Potência máxima
492 cv a 7.000 rpm
SE30: 525 cv a 7.200 rpm
SE30 Jota: 590 cv a 6.850 rpm
SV: 510 cv a 7.100 rpm

Torque máximo
59,17 mkgf a 5.200 rpm
SE30 Jota: 61,94 mkgf a 5.200 rpm
SV: 59,03 mkgf a 5.900 rpm

Carburador
Injeção eletrônica Weber-Marelli multiponto sequencial

TRANSMISSÃO

Caixa de câmbio
Cinco marchas sincronizadas. Depois, acoplamento viscoso VT e SV com tração nas quatro rodas.

Relações
1ª   2,31:1
2ª   1,52:1
3ª   1,12:1
4ª   0,88:1
5ª   0,68:1
Ré   2,13:1

Embreagem
Monodisco a seco

Redução final
Par hipoide, relação 3,83:1

FREIOS

Dianteiros
Disco ventilado de 330 mm de diâmetro
Depois, 355 mm

Traseiros
Disco ventilado de 284 mm de diâmetro
Depois, 335 mm

Operação
Hidráulica, servo a vácuo. SV com antitravamento

Freio de estacionamento
Alavanca com cabo conectado aos discos traseiros

SUSPENSÃO

Dianteira
Independente, braços triangulares superpostos, molas helicoidais, amortecedores telescópicos (com controle eletrônico no VT), barra estabilizadora

Traseira
Independente, braços triangulares superpostos, molas helicoidais, amortecedores telescópicos (com controle eletrônico no VT), barra estabilizadora

DIREÇÃO

Tipo
Pinhão e cremalheira, com assistência de direção de série desde 1994

Número de voltas entre batentes
3,2 (SE30: 3,0)

Diâmetro mínimo de curva
12,5 m (VT: 13,0 m)

Volante
Três raios

RODAS E PNEUS

8½ J x 17 pol. na dianteira, 13J x 17 pol. na traseira
Rodas de competição de liga de três partes (SE30: liga de magnésio). SE30 Jota: 8½ x 18 pol. na frente, 13J x 18 pol. na traseira

Pneus
245/40ZR 17 pol. (VT: 235/40) na dianteira, 335/35ZR 17 pol. na traseira (SE30/SV: 18 pol. na traseira), Pirelli P-Zero. SE30 Jota: 235/40ZR 18 pol. na dianteira, 335/30ZR 18 pol. na traseira

DESEMPENHO

Teste de rua do Diablo VT pela *Autocar*, em 31 de agosto de 1994

Velocidade máxima
Informada como 325 km/h

Aceleração
0-80 km/h   4,3 s
0-96,5 km/h   5,1 s
0-112 km/h   6,7 s
0-128 km/h   7,8 s
0-144 km/h   9,2 s
0-160 km/h   10,8 s
0-177 km/h   12,6 s
0-193 km/h   14,6 s
0-209 km/h   17,5 s
0-402 m   13,6 s

Consumo médio de combustível
4,5 km/l

DIMENSÕES

Comprimento
4.503 mm
VT/SE30 Jota/SV: 4.460 mm
SE30: 4.507 mm

Largura
2.059 mm
VT/SE30/SV: 2.040 mm

Altura
1.115 mm
VT/SE30 Jota/SV: 1.105 mm

Distância entre eixos
2.650 mm

Bitolas
Dianteira: 1.540 mm
Traseira: 1.640 mm

Distância mínima do solo
140 mm

Peso
1.642 kg, VT: 1.625 kg, SE30: 1.450 kg, SE30 Jota: 1.460 kg, SV: 1.576 kg

LAMBORGHINI

À direita: A Audi tratou imediatamente de melhorar a qualidade do Diablo, em especial, a do interior.

Retoques para 1999

Logo que a Audi assumiu o controle da Lamborghini, em meados de 1998, ficou claro que haveria mudanças na companhia italiana. Não só a qualidade de fabricação dos carros melhoraria, como também os carros passariam a incorporar mais tecnologia de ponta para garantir sua permanência na liderança. Afinal, quando a Audi fez sua aquisição, o mercado de supercarros já estava saturando.

Embora a cilindrada tivesse permanecido no início em 5.707 cm³, várias mudanças ocorreram para fazer o motor funcionar mais suavemente, além de aumentar a sua potência. Com um melhor sistema de controle de emissões, injeção de combustível aperfeiçoada e um sistema atualizado de gerenciamento do motor, a potência deu um salto para 530 cv, elevando, por sua vez, a velocidade máxima informada a 335 km/h. Para gerar tantos cavalos extras, era necessário fazer algumas modificações mecânicas no motor, como ajustar o perfil das árvores de comando de válvula de admissão para aumentar tanto o levantamento quanto o diâmetro das válvulas. Um sistema de controle elétrico da fase de válvula variável foi incorporado pela primeira vez.

O Diablo 1999 não tinha apenas um motor mais potente, mas também modificações para aumentar seu poder de frenagem. Uma nova geração de freios antitravamento foi instalada, projetada por Lucas Varity e Kelsey Hayes, em conjunto com o departamento de pesquisas da Lamborghini. Esse ABS de quatro canais foi associado a um sistema chamado Dynamic Rear Proportioning, que assegurava que a força de frenagem fosse enviada ao eixo que melhor pudesse utilizá-la, dependendo da aderência disponível. Também importante, o diâmetro dos discos ventilados foi aumentado de 330 mm para 355 mm na dianteira. Na traseira, houve um aumento de 309 mm para 335 mm, além de um novo cilindro-mestre e servo. Foram instaladas também pinças de freio maiores e, para abrigar um sistema de freios tão grande, foi necessário especificar rodas maiores. Em consequência, havia rodas de 18 pol. de diâmetro como padrão, com pneus de perfil 35 na frente e perfil 30 atrás.

O interior recebeu um airbag para o passageiro, e os instrumentos tinham agora controle eletrônico. No exterior, a mudança mais significativa foi a colocação de faróis carenados no lugar dos antigos escamoteáveis. Utilizando os faróis do Nissan 300ZX, o carro tinha uma aparência muito mais moderna – não que a Lamborghini tivesse muita escolha, já que a legislação estava sendo modificada para banir os faróis escamoteáveis na maior parte dos grandes mercados automobilísticos do mundo.

Abaixo: A grande novidade foi a chegada dos faróis carenados.

O Diablo GT

Dizem que competir é saudável, e com o GT a Lamborghini comprovou isso. Com a experiência adquirida com o carro de competição GT2, Sant'Agata criou a edição definitiva de seu modelo supremo. Embora já fosse muito luxuoso para um supercarro, seria o melhor Diablo de passeio já visto.

Quando o GT surgiu, em 1999, o segmento de supercarros já estava saturado. Atingir 322 km/h era, até pouco tempo antes, possível para apenas alguns supercarros; agora, vários fabricantes ofereciam carros que chegavam a essa velocidade – ou mais. O GT representava a tentativa da Lamborghini de tomar de volta o título de fabricante dos carros de passeio de série mais velozes do mundo – uma meta que ela atingiu graças à sua velocidade máxima declarada de 338 km/h.

O GT vinha equipado com o V12 recém-aumentado, de 6 litros. Embora esse motor também equipasse o recém-lançado carro de linha com motor de 6 litros, no GT ele desenvolvia 569 cv a 7.300 rpm. Graças a uma carroceria 69,8 kg mais leve do que a normal, a relação potência-peso ficou em 569 cv por tonelada – permitindo ao GT ir de 0 a 100 km/h em apenas 3,5 segundos e chegar a uma velocidade máxima anunciada de 338 km/h. Grande parte dos aprimoramentos incorporados ao motor do GT foi utilizada antes no SE30, visto pela primeira vez cinco anos antes. Virabrequim mais leve, bielas de titânio e borboletas de aceleração individuais para cada um dos doze cilindros haviam sido apenas o começo; a Lamborghini achou que repetir o truque traria a magia de volta.

O resultado desse trabalho foi um carro que a *Autocar* declarou ser "o Lambo mais rápido de todos", apesar de os números serem todos piores que os do SE30 Jota de quatro anos antes. Todavia, o fato de a pista de testes estar molhada quando o carro foi avaliado não teria ajudado – em especial porque os pilotos só puderam utilizar um quarto da aceleração disponível, até 128 km/h, por não ser possível desacelerar. Tampouco ajudou o fato de as relações mais curtas possíveis terem sido utilizadas no carro de testes; isso proporcionou uma aceleração mais rápida em cada marcha, mas limitou a velocidade do GT a 304 km/h porque a faixa vermelha do conta-giros já havia sido atingida na última marcha e ainda havia mais velocidade a desenvolver.

Embora a intenção do GT fosse ser o melhor Lamborghini já produzido para venda ao público, ainda se desejava aumentar seu aproveitamento em relação aos Diablos anteriores. Mesmo que nada pudesse ser feito em relação ao peso do carro, era possível melhorar a sofrível visibilidade traseira: uma câmera foi montada sobre o aerofólio traseiro, levando imagens a uma tela instalada no painel. No entanto, ainda estava longe de ser um carro que os proprietários pudessem utilizar e apreciar regularmente. Comparado aos modelos que saíam dos portões da Ferrari, em Modena, o Diablo era um anacronismo incômodo, apertado e sem refinamento. Com apenas 80 exemplares fabricados entre 1999 e 2000, ele foi um carro e tanto.

O Diablo 6 litros

Mesmo que o Diablo ano-modelo 1999 tenha sofrido modificações significativas, o seu desenvolvimento prosseguiu acelerado para o novo milênio. O resultado foi a edição de 6 litros, apresentada para o ano-modelo 2000, com um motor maior, uma construção diferente e todo um conjunto de modificações detalhadas para tornar o carro mais utilizável – e veloz.

Pela primeira vez desde a chegada do Diablo, cerca de uma década atrás, houve um aumento na cilindrada do motor, de 5.707 cm³ para 5.992 cm³. Com isso, houve um aumento da potência, de 530 cv para 550 cv, enquanto o torque subiu 2,49 mkgf, para 64,15 mkgf. Embora fosse o aumento da cilindrada que proporcionasse em parte a potência extra, houve também mudanças no sistema de fase variável das válvulas de admissão, que era uma característica dos carros de 1998 e 1999. Isso ajudou a aumentar o torque a baixas rotações e, ao mesmo tempo, garantiu que o V12 não ficasse restrito a uma faixa de rotação mais alta, achatando assim a curva de torque. Com um virabrequim mais leve e bielas de titânio, o V12 poderia agora girar mais livremente, sendo também mais forte; havia até um sistema de escapamento redesenhado que permitia ao motor respirar com maior facilidade.

Enquanto a notícia era a maior versão de todos os tempos do famoso motor V12, havia também uma carroceria feita quase toda de fibra de carbono. Para maior leveza e resistência, todos os painéis eram feitos desse material de alta tecnologia, à exceção do teto, parte integrante do chassi. Nas portas, também feitas de metal, foi usado alumínio, para segurança máxima e peso mínimo. O chassi também passou por uma reforma, além de receber aplicações de fibra de carbono para maior rigidez torcional.

O Diablo 6.0 também representou uma evolução significativa na história do modelo, porque houve várias alterações estilísticas para aumentar a eficiência aerodinâmica do carro. A principal delas foi uma frente redesenhada, que incorporou um par de entradas de ar de aspecto ousado, que conduziam o ar refrigerante para os freios dianteiros. Todos os aerofólios foram também redesenhados, assim como as bitolas dianteira e traseira foram

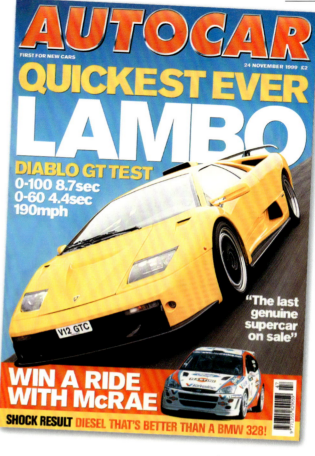

Acima: Os números não são tão impressionantes, mas o carro foi testado em uma pista molhada...

LAMBORGHINI

Nesta página: As linhas do Diablo 2000 eram ainda mais puras que as do carro quando lançado, uma década antes. As principais mudanças foram nos faróis, rodas e para-choques. A Audi resistiu à tentação de instalar feios conjuntos de carroceria no carro normal. O interior também foi aprimorado com mais equipamentos e um maior grau de conforto, para tornar o carro mais utilizável do que nunca.

aumentadas; em relação ao anterior havia agora 60 mm extras.

A Audi queria que a versão final do Diablo fosse algo realmente especial; assim, a carroceria e a parte mecânica receberam bons retoques, e o interior também foi revisado. Mantendo sua obsessão por fibra de carbono, os painéis de compósitos agora estavam por toda parte: no revestimento das portas, no painel de instrumentos, nos painéis de interruptores, nos bancos e até no volante de direção. Havia instrumentos novos para que o motorista pudesse saber a que ponto ele estava de acabar com o motor ou receber uma multa por excesso de velocidade, e um limpador de para-brisa redesenhado ajudava a assegurar que todo esse desempenho recém-descoberto pudesse ser utilizado mesmo sob forte chuva.

A Lamborghini informou uma velocidade máxima de 330 km/h e aceleração de 0-100 km/h em 4 segundos com o motor de 6 litros, tendo sido fabricados 206 desses modelos entre 2000 e 2001.

Diablo GTR

Após quatro anos correndo com o SVR nas pistas da Europa, era hora de mudar. Os carros haviam se mostrado velozes e confiáveis; após quatro temporadas, ainda estavam firmes e fortes. Todavia, a tecnologia mudou quando a Audi assumiu o controle da companhia, e, em dezembro de 1999, um novo Diablo de competição foi anunciado. Denominado GTR e baseado no GT de rua, o novo modelo incorporava todos os aprimoramentos dos carros de série e desenvolvia ainda mais potência. Com 590 cv, havia 21 cv a mais do que no GT, graças à recalibragem do sistema de gerenciamento do motor e a um sistema de escapamento de fluxo mais livre. Enquanto o sistema de freios do GT era suficiente para um carro de rua, o de competição precisava de algo mais eficaz, então pinças de freio específicas para esse fim foram instaladas para ajudar a reduzir a perda de eficiência dos freios por aquecimento.

À esquerda e abaixo: O GTR foi o último Diablo de competição, antes da estreia do Murciélago.

LAMBORGHINI

Acima e à direita: Baseado no GT pronto para as ruas, o GTR tinha rodas com fixação central e painéis de fácil remoção para paradas no boxe mais rápidas.

Embora o GTR fosse baseado no GT, ainda havia o que mudar para torná-lo mais um carro de competição do que de rua, começando por eliminar a maior parte do revestimento interno e mover o banco do motorista na direção da linha central do carro para ajudar a distribuir o peso. Foi preciso reduzir o tamanho do túnel de transmissão, o que ajudou a aumentar a visibilidade. Acabaram os botões de pressionar, substituídos por interruptores de balancim do tipo de corrida, e, em conformidade com a regulamentação, havia um sistema de extinção de fogo automático, ajustado para reduzir a chance de os pilotos sofrerem queimaduras graves.

Mas as mudanças não pararam por aí, pois alguns ajustes essenciais ainda precisavam ser feitos para tornar o carro mais resistente às duras condições das corridas, mais seguro e mais adequado às condições de uso nas pistas. O chassi de aço tubular agora incorporava um arco de segurança

O DIABLO SUBSTITUI O COUNTACH

contra capotagem, e o aerofólio traseiro ficou ligado diretamente ao chassi, em vez de à carroceria. Os amortecedores e as barras estabilizadoras reguláveis eram de série, as rodas de liga de magnésio eram fixadas por uma só porca central. Para completar, um tanque de combustível com especificações de competição e sistema de enchimento rápido. Com alto consumo de combustível e uma capacidade de apenas 100 litros, era essencial que o GTR pudesse ser reabastecido com rapidez.

Esse carro estreou na série alemã DTM em 28 de maio de 2000, antes de ir para circuitos em toda a Europa. No total, 30 unidades foram fabricadas.

À extrema esquerda: Aquele V12 era o mais potente até então, com 590 cv.

À esquerda: O interior perdeu a maior parte do revestimento, numa tentativa de reduzir o peso.

125

O Diablo 6.0 SE

Quando um carro chega ao fim da vida, é comum o fabricante lançar uma edição especial. Pense em Nissan, Peugeot e Ford e você entenderá o que quero dizer – mas não imaginamos que a Lamborghini faça isso, não é? Infelizmente, ela fez. Em 2001, havia 42 exemplares do Diablo 6.0 SE sendo oferecidos à venda – embora a Lamborghini, pelo menos, não tenha dado ao carro o nome irritante de edição limitada.

Como na maioria das edições especiais, as alterações do SE em relação ao Diablo padrão eram cosméticas. Havia uma variedade de cores, como Oro Elios (dourado) ou Marrone Eklipsis (marrom), usadas tanto no exterior como no interior. Havia ainda uma série de componentes de revestimento com acabamento de fibra de carbono exposta, dentro e fora, enquanto todos os detalhes da cabine que tinham antes acabamento de liga polida eram agora cor de titânio. À parte o sistema integrado de navegação por satélite, que fazia parte da série de equipamentos Alpine, não havia aperfeiçoamentos mecânicos e os detalhes cosméticos exteriores não sofreram alterações em grande parte. Diferente de todos aqueles Nissan Micras e Ford Fiestas, não havia sequer um teto solar de vidro basculante.

Mudando a roupagem do Diablo: o raptor da Zagato

Talvez possa parecer que seria muito difícil tentar fazer um carro ainda mais impressionante que o Lamborghini Diablo, mas, quando a empresa estilista Zagato foi procurada pelo campeão de corrida de trenós Alain Wicki, era exatamente isso o que ele desejava. Wicki estava acostumado a correr a 160 km/h à distância de poucos centímetros do chão, então, algo que desse aquela sensação de velocidade na estrada teria de ser italiano, muito potente – e de preferência feito à mão.

O resultado foi o Raptor, um conceito baseado no Diablo VT com tração nas quatro rodas, e que, se esperava, fosse o carro a trazer de volta as glórias da Zagato. Se esse carro tivesse a acolhida certa quando foi

À direita e abaixo: Você jamais saberia que havia um Diablo por baixo; nada da carroceria original do carro foi mantido.

apresentado no Salão de Genebra de 1996, a Zagato iria oferecê-lo em edição limitada a uma pequena quantidade de ricos entusiastas. O objetivo era usar o Raptor como uma vitrine do desenho e da manufatura com o auxílio de computador da Zagato, além de proporcionar à Lamborghini um modelo extra para sua linha – a ideia era que a Lamborghini fabricasse o carro em sua fábrica de Sant'Agata.

Considerando que a idealização do projeto só ocorreu em meados de 1995, foi uma façanha e tanto já ter um protótipo construído em março de 1996 – o chassi começou a ser trabalhado apenas quatro meses antes. Ter uma plataforma funcionando sobre a qual construir ajudou muito – o motor, a transmissão, a suspensão e a direção foram utilizados em sua forma "natural". Isso significava que havia saudáveis 492 cv disponíveis e, embora

nenhum teste de desempenho de velocidade máxima tenha sido realizado com o carro, considerava-se que ele poderia atingir 320 km/h. Ajudava a alcançar essa velocidade o menor peso do carro em relação ao do Diablo, de apenas 1.346 kg, embora o fato de não haver teto não tenha favorecido a sua aerodinâmica. Por ter sido planejado como um conceito pronto para produção, uma versão fechada cupê foi também projetada – embora jamais tenha saído das pranchetas.

No verdadeiro estilo de supercarro italiano, o perfil em forma de cunha do Raptor tinha uma postura de cabine projetada – os ocupantes se sentavam bem à frente, de forma que o motor ficava mais perto da metade do carro, para melhorar o comportamento. Para uma melhor aerodinâmica, não havia faróis escamoteáveis – em vez disso, eles eram abrigados atrás de máscaras de acrílico. As carenagens duplas atrás dos dois ocupantes eram reminiscência da clássica bolha dupla no teto, a assinatura da Zagato, enquanto a traseira mostrava formas límpidas, graças à ampla lanterna única no lugar dos mais comuns pares de conjuntos de lâmpadas multicoloridas.

As rodas de liga de cinco raios do Raptor foram feitas especialmente para ele, assim como os freios. Embora estes fossem muito fortes, eles eram a única coisa que a equipe da Zagato não achava satisfatória. Em consequência, um sistema de competição feito especialmente pela British Alcon foi instalado para assegurar que o carro pudesse ser desacelerado de velocidades bastante altas, repetidamente.

Dentro do Raptor, tudo tinha acabamento em Alcantara, um material parecido com camurça, tão durável quanto o couro – e também caro. Com sua cor bege, esse material recobria o largo console central, os bancos e o painel de instrumentos, que ficava livre da desordem. Fora um mostrador digital em frente ao motorista, não havia nenhum instrumento no painel, enquanto no console central havia apenas um medidor – com alguns interruptores agrupados. Um espesso volante de direção Momo ostentava o logotipo da Zagato no centro, e havia uma alavanca de mudanças com a manopla de alumínio em uma base em forma de H – e isso era tudo.

Na estreia, o carro foi recebido com entusiasmo pela imprensa e pelo público afim. Quando o salão foi encerrado, 500 pessoas haviam manifestado interesse em comprá-lo, mas, como a Lamborghini estava passando por grandes mudanças na época, o projeto perdeu fôlego. No final, apenas aquele único protótipo foi construído.

Acima: O Raptor fez sua estreia no Salão de Genebra de 1996.

À direita: A Lamborghini oferecia a oportunidade de dirigir o Diablo, mas não para os medrosos.

A escola de pilotagem Diablo

Muitas pessoas têm de aprender a dirigir com um Nissan Micra ou Vauxhall Corsa e, se tiverem sorte, terão a oportunidade de se diplomar em algo com um pouco mais de distinção para um teste de direção avançado. E, se forem realmente sortudas, terão um supercarro guardado na garagem para o passeio de fim de semana. No entanto, esses afortunados, por possuírem um Diablo, tinham uma autoescola própria à disposição – a Academia de Direção Lamborghini.

Localizada em Ímola e integrada por pilotos de corrida com larga experiência e talento, a Academia de Direção estava também disponível para qualquer pessoa que pretendesse comprar um Diablo, mas não estivesse bem certo se aquele era o carro adequado para si. Qualquer pessoa que chegasse a bordo de um carro velho ou sem valor para fazer uma reserva era, naturalmente, rejeitado...

Com um máximo de dez alunos por vez, o ensino era individual, cobrindo tudo, desde como se sentar de forma correta a como entrar em uma curva em derrapagem controlada e sair de uma situação difícil. Com um custo de 4.000 libras por pessoa, o curso não era barato, mas, comparado a arrebentar seu Diablo contra uma defensa de aço, era de graça. Eis por que o curso não se destinava a ensinar a dirigir rápido – tratava-se muito mais sobre aprender a dirigir com limitações, sentindo o que o carro estava dizendo. E, quando se estava em uma situação difícil, o Diablo poderia ser de fato muito comunicativo.

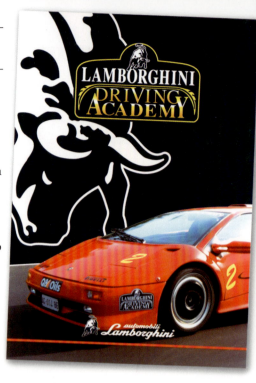

Shamborghinis: cópias do Diablo

Com as risíveis réplicas do Countach, o Diablo fez bem de evitar que isso ocorresse com ele. Quando se tornou obsoleto – na verdade, quando esteve em produção por um período significativo –, a indústria de kits automobilísticos já havia se organizado de verdade; os padrões haviam se tornado elevados a ponto de produtos realmente risíveis nem sequer chegarem ao público. O Diablo havia se mostrado uma réplica bastante popular, com várias empresas de kits automobilísticos espalhadas pelo mundo, algumas delas de fato bastante convincentes.

Mas, assim como as melhores cópias do Countach, a construção dos melhores clones do Diablo era muito cara – e, com o motor adequado, os custos podiam ser muito altos.

As réplicas do Diablo começaram a ser lançadas antes mesmo que o verdadeiro houvesse saído de linha. Uma das primeiras foi o Torrero S, da Parallel Designs, de Surrey. Naz Maniscalchi, responsável pelo projeto, havia construído uma réplica do Countach e sabia desde o começo quanto trabalho dava fazer o carro ser de fato convincente. Mas não parou no primeiro modelo. Apesar das horas de trabalho, noites a fio, para chegar a resultados satisfatórios, não houve menos do que seis derivados disponíveis. Eram o SV, SE, GT, GT-R e VT – além do modelo de série. O Torrero foi equipado com um Rover V8 que produzia até 425 cv com seus 5,2 litros – um motor BMW V12 com potência semelhante também foi fabricado para ele. Esse modelo foi produzido com grande atenção aos detalhes e era muito convincente. Mas, com um custo de fabricação por volta de 50.000 libras (em meados de 2006), era questionável se o Parallel fazia sentido, quando um exemplar usado do carro verdadeiro podia ser comprado por quase a mesma quantia.

À direita: O Parallel convencia, mas era caro.

O Diablo da Garage Affolter

Se há um país onde se pode sentir o cheiro de dinheiro antes mesmo de se cruzar a fronteira, é a Suíça. Foi então adequado que iniciássemos nossa odisseia de Diablos modificados com uma organização que poderia vender um carro ainda mais chocante do que as ofertas comuns do gênero. Na verdade, a Garage Affolter podia oferecer vários Diablos modificados e preparados, dependendo do quanto fosse pago e do grau de exibicionismo que se desejasse.

Utilizando o motor de 5,7 litros tanto no cupê como no Roadster, a Garage Affolter se especializou em conjuntos de carroceria chamativos, com pequenas alterações mecânicas, que podiam fazer a potência aumentar para declarados 620 cv. Se para você, o Diablo já tinha potência suficiente, o motor de série de 492 cv poderia ser mantido e você poderia adotar um kit de carroceria que lhe garantiria ser o centro das atenções onde quer que fosse. Como alternativa, tinha ainda a opção de um par, ou mesmo um quarteto, de turbocompressores para serem fixados ao motor V12 de instalação central, para lhe dar todos os 620 cv. Isso, segundo a Garage Affolter, era suficiente para levar o Diablo de 0-100 km/h em apenas 4,1 segundos, antes de atingir os 325 km/h.

O Diablo Evolution era o modelo para iniciantes da Garage Affolter. Não tinha alterações mecânicas, mas havia inúmeros painéis de fibra de carbono com linhas mais extremas que as do de série. Esse conjunto era oferecido para o Roadster e o cupê. Se isso fosse algo discreto demais para você, era possível especificar a edição Miami, que vinha com um painel de teto de vidro colorido no caso do cupê – ou, mais uma vez, você podia escolher o mesmo conjunto para seu Roadster. Com 620 cv como padrão, havia também rodas pretas, faróis embutidos e detalhes em preto – para aquela aparência bem intimidadora.

Se tudo isso lhe causasse indiferença, ou se você estivesse preocupado com a possibilidade de acabar estacionando ao lado de outro proprietário de um Miami no jantar anual da Lamborghini, havia sempre a opção do Evolution GT1. Mais parecido com algo surgido das páginas da revista de tunagem radical *Max Power*, esse era o Diablo para quem se sentia um tanto envergonhado de chegar a bordo de algo que ainda lembrasse um produto da fábrica de Sant'Agata.

Embora fosse possível manter o motor normal, o ideal era especificar quatro turbos e aumentar a potência direto para 620 cv. No entanto, era a carroceria sua verdadeira razão de ser. Nela havia tantas tomadas de ar, defletores e aletas que seria difícil achar lugar para mais algum desses itens. Os estudantes iriam com certeza gritar de contentamento ao avistar o GT1, por conta do conjunto de quatro canos de escapamento no centro do painel traseiro – sem falar dos aerofólios extralargos que incorporavam tomadas de ar de refrigeração para impedir os freios de derreter.

A carroceria consistia em uma mistura de fibra de carbono e liga de alumínio, enquanto as rodas dianteiras passaram a ter as ridículas medidas de $10\frac{1}{2}$ x 18 pol., com as traseiras de $13\frac{1}{2}$ x 18 pol. Os pneus largos eram essenciais: aproveitar aquela potência exigia uma aderência total e com esses pneus especificados a Garage Affolter dizia que o GT1 poderia sair de 0 a 100 km/h em apenas 3,5 segundos. Para desacelerar o carro de sua velocidade máxima anunciada de 345 km/h, eram necessárias pinças de quatro pistões para pressionar os discos ventilados de 381 mm.

Abaixo e abaixo à esquerda: O Affolter GT1 foi uma deplorável lição de como tornar caóticas linhas harmoniosas.

LAMBORGHINI

À direita: O Affolter foi concebido com a ideia de que haveria sempre espaço para mais um duto de ar.

Affolter começou a desenvolver seus Diablos modificados em 1991, quando revelou seu primeiro modelo Evolution. Vários vieram nos dois anos seguintes, inclusive um que foi vendido a René Leimer, coproprietário da Lamborghini nos anos 1970. No final dos anos 1990, seguiu-se uma pequena série de modelos GTR, baseados no Diablo SV, com o carro definitivo sendo construído em 1999. Baseado em um Diablo VT Roadster, esta última edição Affolter não era tão escandalosa quanto as primeiras.

O Diablo por Koenig

Em 1992, quando John Barker dirigiu o Diablo de Willy Koenig para a *Performance Car*, ele resumiu bem o carro logo na introdução: "Se Willy Koenig fosse um cirurgião plástico, ele recomendaria à cantora Dolly Parton que fizesse implante de silicone nos seios... Willy Koenig é um homem que não sabe o significado da palavra excesso".

Barker tinha razão, é claro, porque alguém que imaginasse faltar algo no Diablo com certeza precisava de algum tipo de ajuda. O Diablo aprimorado de Koenig era um exemplo perfeito do excesso que não resulta em nada, com vários componentes trocados para que o carro parecesse mais ousado. No entanto, após seus primeiros carros, Koenig se tornou um pouco mais moderado no que dizia respeito ao Diablo. Se antes as carrocerias mais agressivas estiveram na ordem do dia, Koenig resolveu amenizar as coisas nos anos 1990. É por essa razão que havia um aerofólio traseiro apenas um pouco mais perceptível que o original de fábrica. Os para-choques dianteiro e traseiro foram aumentados, mas, novamente, eles poderiam ser mais aparentes do que eram – embora a unidade dianteira guarde uma estranha semelhança com o que foi visto no SE30 que surgiu no ano seguinte. Além de escapamentos mais arrojados, as rodas traseiras de série receberam espaçadores para que preenchessem os arcos de modo mais convincente, e essas eram as modificações cosméticas.

Mais uma vez, embora o Diablo de série não deixasse a desejar no desempenho, Koenig ainda fez melhorias na mecânica. A principal alteração foi na suspensão, pois o carro tinha uma tendência a desvios laterais em altas velocidades na estrada. Para compensar isso, o carro recebeu molas e amortecedores mais firmes, além de barras estabilizadoras reguláveis mais grossas. Graças ao sistema de escapamento de fluxo mais livre, o magnífico V12 liberava alguma potência a mais – mas Koenig não resistiu a brincar mais um pouco. Por isso, modificou o sistema Motronic de gerenciamento do motor para gerar mais 50 cv no total – apesar disso, era difícil notar a diferença entre os 492 cv do carro normal e os 542 cv deste.

Quem achasse que Koenig não havia ido longe demais com suas alterações cosméticas podia então comprar um Roadster dele. No que diz respeito à mecânica, ele era muito semelhante ao de teto fixo, mas a carroceria era muito mais agressiva – e, claro, não se destinava a pessoas tímidas. Com a maioria dos painéis substituída por partes de fibra de carbono, o Roadster não necessitava de para-brisa, e havia grandes carenagens atrás de cada banco. A forração interior foi refeita (em couro, naturalmente), havia novos instrumentos e a possibilidade de optar por sistemas de escapamento de dois ou quatro canos.

Mais recentemente, Koenig se concentrou em oferecer apenas aprimoramentos cosméticos e de chassis, como bitolas mais largas, suspensão melhorada e sistemas de freio mais robustos. No entanto, muito mais importante do que a colocação de novos discos de freio são as conversões para roadster, conversível e targa feitas pela empresa, todas com a cabine do Diablo – ao preço de apenas cerca de 44.000 libras cada.

O Diablo por Strosek

No começo de 1994, a economia global estava se reerguendo, e, para comemorar a ocasião, Strosek Tuning apresentou seu Diablo modificado no Salão de Genebra daquele ano. Enquanto Koenig começava a fazer seus carros sem exagerar tanto na estética, Strosek seguia na direção oposta, tentando com afinco produzir veículos ainda mais notáveis que os de série.

Mais associado a modificações radicais em Porsches, às vezes Strosek não resistia à tentação de trabalhar com outras marcas – e o Diablo chamava atenção. Mas Strosek não brincou com a mecânica do Diablo; ele oferecia vários pacotes de modificações para tornar o carro mais atraente. Eliminar os faróis escamoteáveis foi a primeira providência, substituídos por pequenos faróis embutidos. O para-choque dianteiro foi trocado por um mais arredondado, e as rodas de 18 pol. tinham um desenho menos espalhafatoso – mas ainda com os cinco buracos, como as do Diablo normal.

Em vez de montar os espelhos laterais na base da coluna do para-brisa, eles ficavam na parte superior – mais desajeitados de usar, embora mais eficientes por permitirem enxergar acima dos grandes aerofólios traseiros. Para completar a estética, havia cores brilhantes para tornar o carro ainda mais evidente, como amarelos e azuis.

Tal como o motor e a transmissão, o interior permaneceu inalterado – embora após alguns carros terem sido convertidos, passasse a haver a opção de bancos envolventes do tipo de competição e acabamentos laterais de portas modificados. Mas a arquitetura básica da cabine permaneceu inalterada.

Especificações: Diablo (pós-1998)

MOTOR

Descrição
Traseiro central, transversal, V12 a 60° com bloco inteiriço e cárter de alumínio fundido com camisas de ferro fundido montadas por encolhimento. Dupla árvore de comando de válvulas por bancada, tuchos de aço tipo copo invertido atuando com válvulas inclinadas. Pistões de cabeça côncava com três anéis, bielas de aço. Virabrequim de aço cromo-níquel endurecido de sete mancais usinado de material bruto

Cilindrada
5.707 cm³
GT e Diablo 6.0: 5.992 cm³

Diâmetro e curso
87,0 mm x 80,0 mm
GT e Diablo 6.0: 87,0 mm x 84,0 mm

Taxa de compressão
10,0:1; GT e Diablo 6.0: 10,7:1

Potência máxima
530 cv a 7.100 rpm; (GT: 550 cv)
Diablo 6.0: 569 cv a 7.300 rpm

Torque máximo
61,6 mkgf a 5.500 rpm
GT e Diablo 6.0: 64,1 mkgf a 5.500 rpm

Alimentação
Injeção eletrônica multiponto sequencial

TRANSMISSÃO

Caixa de câmbio
Cinco marchas, totalmente sincronizadas, acoplamento viscoso VT com tração nas quatro rodas

Relações

1ª	2,31:1
2ª	1,52:1
3ª	1,12:1
4ª	0,88:1
5ª	0,68:1
Ré	2,13:1

Embreagem
Monodisco a seco

Redução final
Par hipoide, relação 3,83:1
(VT: 2,41:1 com tração nas quatro rodas)

FREIOS

Dianteiros
A disco ventilado 355 mm

Traseiros
A disco ventilado 335 mm

Operação
Hidráulico, servo a vácuo, com antitravamento

Freio de estacionamento
Alavanca com ligação por cabo aos discos traseiros

SUSPENSÃO

Dianteira
Independente. Braços triangulares superpostos, molas helicoidais, amortecedores telescópicos com ajuste eletrônico, barra estabilizadora

Traseira
Independente. Braços triangulares superpostos, molas helicoidais, amortecedores telescópicos com ajuste eletrônico, barra estabilizadora

DIREÇÃO

Tipo
Pinhão e cremalheira, com assistência de direção

Número de voltas entre batentes
3,2

Diâmetro mínimo de curva
12,5 m

Volante
Três raios

RODAS E PNEUS

8½ J x 18 pol. na dianteira, 13J x 18 pol. na traseira, rodas de liga

Pneus
235/35ZR 18 pol. na dianteira,
335/30ZR 18 pol. na traseira, Pirelli P-Zero

DESEMPENHO

Teste de rua do Diablo SV pela *Autocar*, em 11 de fevereiro de 1998

Velocidade máxima
Declarada 325 km/h

Aceleração

0-80 km/h	3,3 s
0-96,5 km/h	4,3 s
0-112 km/h	5,3 s
0-128 km/h	6,3 s
0-144 km/h	7,6 s
0-160 km/h	9,0 s
0-177 km/h	10,6 s
0-193 km/h	12,3 s
0-209 km/h	14,9 s
0-225 km/h	17,4 s
0-240 km/h	20,4 s
0-402 m	12,4 s

Consumo estimado de combustível
4,25 km/l

DIMENSÕES

Comprimento
4.470 mm
GT: 4.430 mm

Largura
2.040 mm

Altura
1.115 mm
VT: 1.105 mm

Distância entre eixos
2.650 mm

Bitolas
Dianteira: 1.540 mm
GT: 1.650 mm
Diablo 6.0: 1.600 mm

Traseira: 1.640 mm
GT: 1.670 mm

Distância mínima do solo
140 mm

Peso
1.625 kg
SV: 1.530 kg
GT: 1.460 kg

MURCIÉLAGO
A partir de 2001

A partir de 2001
O melhor da raça

Dê uma olhada no Miura e não será necessário um exame muito aprofundado para notar que a qualidade de fabricação é risível – além da utilidade. À medida que os supercarros V12 da Lamborghini foram se desenvolvendo, as coisas melhoraram cada vez mais. O Murciélago representou o auge desse desenvolvimento, auxiliado em grande parte pela compra da empresa pela Audi, em 1998.

Quando a Audi assumiu o controle da Lamborghini, o trabalho de criação do sucessor do Diablo já havia começado. Com o Diablo obsoleto e o mercado de supercarros tendo avançado bastante desde o seu lançamento, uma década atrás, um substituto não iria surgir rapidamente.

No entanto, a qualidade tinha de ser adequada, assim como a dinâmica e o refinamento – e a Audi não estava acostumada a fazer as coisas de qualquer jeito.

À esquerda e acima: Esboços de fábrica mostravam a tendência da Lamborghini para o sucessor do Diablo.

O MELHOR DA RAÇA

Redefinindo as formas

Embora a intenção inicial fosse apresentar o Murciélago no Salão de Genebra de 1999, os executivos em Ingolstadt perceberam que o carro não ia conseguir vencer seus concorrentes. Não só o desenho da frente era inadequado, mas também o da traseira – essas partes tinham de ser redesenhadas. Mas a seção central do carro, o núcleo da sua estrutura, foi mantida.

Como o desenho final do Murciélago era uma versão refeita de outra anterior, havia quem achasse que ele não era uma solução muito boa, mas era um carro de aparência impressionante. O fato de que a montagem do Murciélago levava menos de 300 horas – em comparação às 500 de seu antecessor – teria deixado satisfeitos os contadores da Audi. Com um aumento desses na eficiência do processo de fabricação, a Lamborghini estava a caminho de se tornar uma empresa bem mais lucrativa.

Todavia, embora a eficiência seja fundamental para a estabilidade financeira, parece que a Lamborghini estava em boas mãos com seus novos proprietários. Os novos donos de Sant'Agata decidiram preservar a essência da Lamborghini e mantiveram os atributos principais de seus carros. Entre eles, estavam as portas que se abriam como tesouras, o motor V12 central, a postura de cabine projetada e a avançada tração nas quatro rodas. Dessa forma, não haveria nenhum carro de motor dianteiro para quatro pessoas a fim de enfrentar o principal concorrente da Lamborghini, de Modena. Esperemos apenas que não haja mudanças nesses planos – embora tenha havido rumores sobre um Espada do século 21.

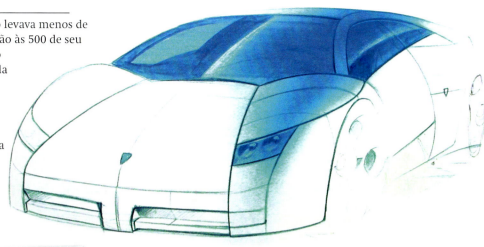

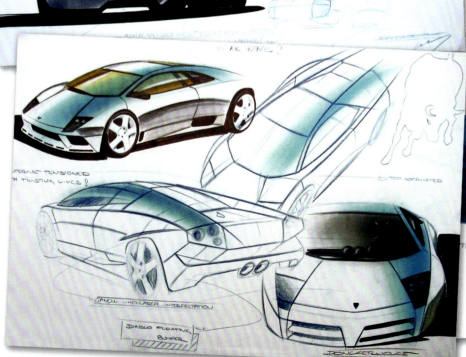

Nesta página: A Lamborghini identificou cedo as características fundamentais do desenho; juntá-las é que foi o problema.

LAMBORGHINI

À direita: A traseira do W12 não era especialmente bem definida.

Na página ao lado, acima: A Volkswagen se dedicou bastante ao W12, construindo vários protótipos e batendo recordes.

O inimigo interior

Quando o supercarro W12, desenhado pela Italdesign, estreou no Salão de Tóquio de 1997, a Volkswagen disse que ele era apenas um fora de série, mas, se as reações a ele fossem favoráveis, o carro poderia ser fabricado em quantidades limitadas. Não foi surpresa muitos comentaristas acharem o carro fantástico, mas a presença dos emblemas da Volkswagen não ajudava. Apesar da falta de um emblema de prestígio, o presidente da Volkswagen, Ferdinand Piëch, anunciou no Salão de Genebra de 1998 que a companhia iria produzir 300 unidades do W12. Seriam 100 roadster e 200 cupês, equipados com motor V12 de 5,6 litros.

Para manter o interesse do público no W12, uma versão remodelada, que a Volkswagen disse ter sido feita para entrar em produção, foi exibida no Salão de Tóquio de 2001. Embora o carro fosse basicamente igual ao cupê original, tinha uma frente diferente com aerofólios de perfil novo, além de luzes dianteiras e traseiras também atualizadas. A cor foi mudada para laranja: o primeiro cupê havia sido amarelo e o roadster, vermelho.

Mais importante foi o aumento do motor para 6 litros, o suficiente para elevar a potência a 600 cv. Isso por sua vez aumentou a velocidade máxima para 347 km/h, e o tempo de 0-100 km/h caiu para apenas 3,5 segundos. Talvez, se não houvesse essa abundância de supercarros no começo do século 21, o Volkswagen W12 pudesse ter sido produzido em série.

Todavia, com tantos novíssimos hipercarros surgindo no mercado, a maioria deles ostentando emblemas já de reconhecido prestígio, é provável que a Volkswagen não tivesse mesmo muita chance. Pode ter sido o emblema a causa do insucesso do W12 – ou talvez porque o Grupo VW/Audi já tivesse supercarros suficientes, tentando fazer o Bugatti Veyron pegar, além de introduzir

Abaixo: Este é o W12 mais recente, identificado pelas aberturas no defletor de ar dianteiro, além da cor.

dois novos Lamborghinis no mercado (o Murciélago e o Gallardo).

O propósito original do W12 era enfrentar o Mercedes-Benz CLK GTR em Le Mans – conseguir correr na categoria GT1 daria à VW a tão necessitada credibilidade no automobilismo internacional. Com o motor instalado no conceito, não haveria nenhum problema em prepará-lo para gerar confiáveis 700 cv para uma corrida de resistência.

Embora a ameaça de um supercarro com motor W12 da marca Volkswagen nunca tenha se materializado, o fim do projeto não eliminou as ameaças, bastante palpáveis, da Bentley e Bugatti, marcas também pertencentes ao Grupo VW/Audi. Caso o Bugatti Veyron oferecesse desempenho – com um preço à altura –, estaria muito além do que qualquer coisa que a Lamborghini poderia proporcionar. Mas para a Bentley, que estava ávida por ocupar o mesmo patamar de preços da Lamborghini, a história era diferente. Então, enquanto o Bentley seria sempre um discreto carro de turismo de luxo – embora muito veloz –, os carros de Sant'Agata continuariam sendo supercarros sem compromisso, que colocariam o desempenho quase sempre acima da praticidade.

O que significa um nome?

Embora algumas coisas tenham mudado na Lamborghini após sua aquisição pela Audi, a fabricante alemã percebeu que tinha de dar à sua subsidiária italiana a oportunidade de permanecer fiel à tradição tanto quanto possível. O desenho arrebatador do Murciélago e a apresentação convencional eram o meio mais óbvio de fazer isso, mas o nome do carro se ateve ao protocolo da Lamborghini. Como era comum nos carros da empresa, o nome Murciélago veio de um touro lutador, cuja vida foi poupada após uma luta especialmente corajosa no século 19.

Na tarde de 5 de outubro de 1879, um touro chamado Murciélago investiu contra o matador Rafael Molina "Lagartijo". Travaram uma luta feroz e, embora fosse raro, a vida do touro foi poupada por sua excepcional coragem na arena. Recebido o perdão, Murciélago foi dado ao criador Don Antonio Miura e passou a gerar uma linhagem inteira de touros lutadores.

Mas quem fala espanhol sabe que a palavra *murciélago* significa "morcego" no idioma de Cervantes. Portanto, seja como for que você o veja, o mais novo carro da Lamborghini pode ser um morcego ou um touro...

À direita: Este rascunho mostra de onde veio a inspiração para o Murciélago; os conceitos Carabo e Stratos de Bertone.

LAMBORGHINI

Acima: Este cupê é certamente atraente, mas muitos diziam que não era suficientemente notável.

À direita: Originalmente, este cupê teria tido uma roda com desenho mais simples, mas foi equipado com as rodas do Roadster, que mais tarde se tornaram padrão em toda a série.

O desenho do Murciélago

Embora ninguém possa negar que o Murciélago tinha uma aparência muito impressionante, muitos perguntavam se ele era diferente o bastante. Afinal, seus ancestrais haviam sido inovadores, mas a novidade era de certa forma pouco original. Ele foi desenhado pelo estilista belga Luc Donckerwolke e, quando colocado ao lado do Diablo, não parecia revolucionário – apesar de ser quase totalmente novo.

É interessante pensar que as coisas poderiam ter sido muito diferentes quando o desenho original do Murciélago foi sugerido pela Zagato. A Audi rejeitou esse desenho quando assumiu o controle da Lamborghini e, numa tentativa de acelerar as coisas, um contrato foi assinado com a Bertone não só para arranjar as linhas do carro, mas também para participar dos produtos futuros da companhia de Sant'Agata. Apesar de os desenhos da Zagato não terem se tornado públicos, o carro foi vazado por inúmeras revistas quando ainda era conhecido como Projeto L147. Com suas características saias traseiras parecidas com as da Ferrari F430, dizia-se que o novo carro seria chamado Canto. O projeto certamente tinha uma aparência impressionante, mas não era o que a Audi queria e o desenho final do Murciélago se saiu uma solução muito mais elegante. Parece que, embora a carreira da Zagato esteja cheia de referências elogiosas, também houve alguns carros realmente horríveis saídos das pranchetas dessa casa de projetos milanesa; a qualidade do seu trabalho é muito inconsistente.

Por isso, é muito melhor trabalhar com uma empresa como a Bertone, que não é tão radical, mas na qual se pode confiar para apresentar algo que parece sensacional, mesmo que seja muito previsível.

O MELHOR DA RAÇA

Sucedendo o Diablo

Antes mesmo que o desenho do Murciélago estivesse sendo feito, um dos principais requisitos para o sucessor do Diablo era a sua utilização. Isso significava que tinha de ser confortável e confiável, além de ter de apresentar desempenho e comportamento excelentes. Isso, por sua vez, significava que a atenção aos detalhes tinha de incluir o peso da embreagem, bem como a ergonomia da cabine e a precisão das trocas de marchas – entre uma série de outras coisas.

À esquerda e extrema esquerda: Mais uma vez, o interior do Lamborghini era pobre e (neste caso) muito sombrio. Mas suas partes eram também mais bem ajustadas do que nunca.

LAMBORGHINI

À direita: Havia uma série de cavidades e abas no Murciélago, mas todas discretas. Essas são as cavidades de refrigeração dos freios atrás de cada soleira.

O único componente importante mantido do Diablo foi o motor V12, embora ele tenha sido reprojetado para sua nova utilização. Enquanto o motor do último dos Diablos tinha um deslocamento de 6 litros, o do novo carro tinha uma cilindrada de 6,2 litros. Para se chegar a isso, o curso foi aumentado para 86,8 mm, para permitir 6.192 cm³. A cilindrada extra, combinada a um tempo de abertura de válvulas coletoras variáveis, gerava uma potência de 571 cv a 7.500 rpm – com um pico de torque de 66,2 mkgf à rotação bastante alta de 5.400 rpm.

Uma nova tecnologia foi introduzida com o Murciélago para auxiliar o motor a se manter frio sob pressão. Chamado VACS (Sistema de Refrigeração de Fluxo de Ar Variável), tratava-se de uma aba ajustável acima das rodas traseiras, que permitia a entrada de quantidades variáveis de ar refrigerante no compartimento do motor.

Aplicar tamanha quantidade de potência sobre a pista de maneira confiável exigia o uso de um sistema de tração nas quatro rodas. Embora o desenho básico do Murciélago tenha sido emprestado do Diablo, ele foi revisado para proporcionar maior confiabilidade e dirigibilidade. Um acoplamento central viscoso permitia a variação da divisão do torque entre os eixos dianteiro e traseiro, enquanto a nova caixa de câmbio manual de seis marchas voltava a ser localizada à frente do motor montado de maneira longitudinal.

À direita: O VACS com o carro em repouso.

Abaixo, à esquerda: O VACS começando a se abrir...

Abaixo, à direita: ... e com o carro em velocidade.

Sendo o Murciélago um projeto corrigido, era possível assegurar que todas as dimensões fossem ideais. É por isso que a distância entre eixos era 15 mm maior que a do Diablo, enquanto o comprimento foi aumentado em 111 mm. Como ele era também 25,4 mm mais alto e 7,8 mm mais largo (passando a ter escandalosos 2.241 mm de largura, incluindo os espelhos laterais), pesava 24,9 kg a mais que seu antecessor.

140

O MELHOR DA RAÇA

À esquerda: A maior de todas as versões deste V12 até agora, o motor do Murciélago deslocava 6,2 litros.

Abaixo: Não havia para-choques, e a coisa podia sair cara em estacionamentos de vários andares...

LAMBORGHINI

O Murciélago na imprensa

O Murciélago só podia mesmo ter sido muito bem recebido. A Audi fez os maiores esforços para apresentar um Lamborghini que fosse completamente utilizável e ao mesmo tempo muito, muito veloz. Com um desenho renovado do interior e exterior, apenas o V12 tinha sido usado antes – e mesmo ele foi revisado para seu novo uso.

As primeiras críticas começaram a aparecer em outubro de 2001 – e eram muito claras a respeito do grande passo que o Murciélago significava em relação ao Diablo. Stephen Sutcliffe resumiu isso quando escreveu na *Autocar* que a novidade "faz o Diablo parecer velho e lento". Mas não se tratava apenas da dinâmica. Os instrumentos eram legíveis, pessoas de grande estatura podiam se acomodar com conforto e o interior não era abarrotado de peças. Quando Chris Harris dirigiu o carro para a mesma revista alguns meses depois, ele comentou que as condições de temperatura abaixo de zero que teve de enfrentar durante o teste não foi a melhor maneira de tentar domar os quase 600 cv. Se o relato era um atestado de suas habilidades ou das habilidades do Murciélago (ou de ambos), o carro testado saiu incólume, felizmente...

Abaixo: Não havia inutilidades nos primeiros Murciélagos; Luc Donckerwolcke manteve as linhas limpas para causar um belo efeito.

Acima: A Autocar logo tornou-se fã do Murciélago.

Para os livros de recordes

A Lamborghini estava em uma fase de sucesso quando o Murciélago foi apresentado e, para provar o fato, a empresa resolveu bater alguns recordes. O carro mal havia sido posto à venda quando, na noite de 16 de fevereiro de 2002, o piloto de provas da Lamborghini, Giogio Sanna, de 26 anos, correu com um Murciélago de série na pista de testes de Nardò, na Itália.

O objetivo era bater o recorde da maior distância percorrida em uma hora por um motor de quatro tempos de aspiração normal com cilindrada de 6 litros. No início, cruzando a linha às 22h21, Sanna conseguiu fazer 305,041 km em uma hora, dando 22 voltas no circuito. No processo,

À esquerda: Giorgio Sanna (com o polegar para cima) dirigiu o carro na tentativa de obter um recorde.

Sanna também conseguiu bater dois outros recordes, cobrindo mais rápido ambas as distâncias de 100 km (a 320,023 km/h) e 100 milhas (a 320,254 km/h).

Como se isso já não fosse impressionante o bastante, os recordes foram batidos em condições de tempo adversas, que provaram o valor da tração nas quatro rodas do Murciélago. E mais, como o tanque de combustível do carro se esgotou durante o percurso, ele teve de parar para reabastecer, utilizando equipamento de série. Se tivesse sido utilizado o mecanismo de reabastecimento de alta velocidade, o carro poderia ter percorrido 321 km durante aquela uma hora de percurso – tente fazer isso com um Countach!

À esquerda: Apesar de um persistente vento sudeste, o circuito de Nardò foi usado para o teste.

Abaixo: As vendas do Murciélago mal haviam se iniciado quando a tentativa de recorde foi feita.

À direita: Embora houvesse uma equipe de boxe a postos durante a tentativa, nenhum trabalho foi necessário depois que a corrida começou.

LAMBORGHINI

O Murciélago perde o teto

No Salão de Genebra de 2004, a fase seguinte da história do Murciélago foi anunciada – o Roadster. Incomum em todos os aspectos como a versão cupê, o Roadster foi desenhado para regiões de clima ensolarado porque não tinha capota. Mais importante, não tinha um limitador de velocidade, mas vinha equipado com um sistema de freios ainda mais impressionante que o do modelo de série. Os discos de freio tiveram o diâmetro aumentado de 355 mm para 381 mm na frente e os traseiros tinham 355 mm em vez dos anteriores 335 mm. Havia também pinças-freio de oito cilindros na dianteira, e aumentou-se o diâmetro dos quatro pistões das pinças traseiras. Além disso, o servo foi melhorado para reduzir o esforço do freio e as distâncias de frenagem. O sistema era tão bom que o carro podia parar em apenas 129,5 m de uma velocidade de 201 km/h – fazendo chacota das distâncias de frenagem do Código de Estradas. A ironia disso, é claro, era que poucos motoristas iriam algum dia explorar os limites máximos do carro e, portanto, nunca haveriam de apreciar a eficácia desses freios tão vigorosos. Afinal, a maioria dos proprietários do Roadster não pretendia explorá-los impiedosamente – eles só queriam algo atraente para posar...

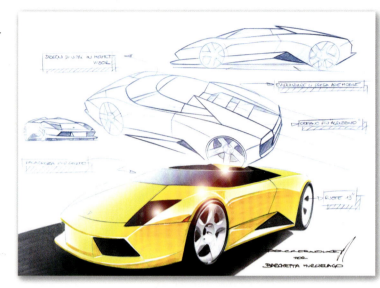

Acima: O esboço inicial mostrava um Roadster no estilo Speedster.

Mais uma vez, o Roadster foi uma obra de Luc Donckerwolke, que evitou cortar o teto do cupê. Em vez disso, ele criou uma nova área envidraçada, modelada como as dos visores dos capacetes de motociclistas, com linhas envolventes que seguiam de cima do para-brisa até os apoios projetados na traseira. Logo atrás dos apoios de cabeça havia barras de proteção escamoteáveis que só se tornavam visíveis quando o motorista fizesse algo realmente maluco, como uma tentativa de recriar uma cena da série *Os gatões*, que consistia em fazer o carro dar um mortal completo.

Abaixo: Novamente, o Murciélago Roadster se parecia mais com um targa, graças aos apoios.

Com o intuito de distinguir ao máximo o cupê do Roadster, havia um novo desenho de sistema de escapamento, que tinha uma "seção mais agressiva", segundo a Lamborghini – embora fosse difícil notá-la à primeira vista. Também as rodas eram diferentes, com furos redondos que cruzavam os raios, e muito espalhafatosas se comparadas à pureza das rodas do cupê. Talvez a oferta de distrações já fosse suficiente com um Murciélago de teto aberto, mas parecia que não.

Para assegurar que o Roadster não flexionasse ao fazer curvas, havia um sistema de treliças de amarração instalado no compartimento do motor. Esse sistema era de aço, mas, para os que realmente gostavam de aparecer, havia também a opção de uma versão de fibra de carbono, que era visível, enquanto a de aço não aparecia. No entanto, o mais importante para os exibidos de toda parte era a ausência de teto – ou, pelo menos, a ausência de um que pudesse proteger os ocupantes do Roadster de qualquer coisa além de uma leve garoa. Conhecido como R-top no jargão da Lamborghini, havia uma espécie de lona na qual, aparentemente, podia-se confiar para velocidades até cerca de 160 km/h, provavelmente antes de sair voando e desaparecer. A Lamborghini não revelou o significado da letra R...

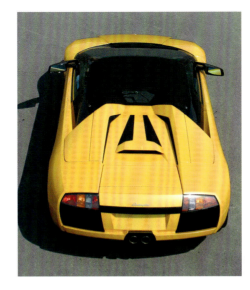

Não houve grandes alterações mecânicas no Roadster em comparação ao seu irmão cupê (exceto os freios já mencionados), o que significa que o motor, a transmissão e a suspensão foram mantidos. Isso, por sua vez, quer dizer que havia uma caixa de câmbio manual de seis marchas de série, embora a Lamborghini também oferecesse a transmissão e-Gear, disponível no cupê. A velocidade máxima declarada era 320 km/h, com um tempo de aceleração de 0 a 100 km/h de 3,8 segundos.

Com o interior à vista a maior parte do tempo, fazia sentido torná-lo muito atraente. Para isso, a Lamborghini fez o acabamento do carro com tapeçaria assimétrica, o que significava que cada lado do carro tinha um acabamento diferente do outro. Falando assim, parece horrível, mas, na verdade, era difícil identificar diferenças entre os lados esquerdo e direito. Era mais para a Lamborghini dizer que, graças a esse floreio estilístico, o Roadster representava "um verdadeiro desafio para o piloto".

A vida começa aos 40

Em várias ocasiões, parecia que a Lamborghini não iria mais sobreviver, ainda que tivesse chegado ao seu 40º aniversário. A compra da companhia pela Audi deu à empresa italiana uma estabilidade financeira com a qual nunca antes havia

Nesta página: O Murciélago Roadster parecia sensacional, mas não era nada prático no quesito proteção contra intempéries. De qualquer forma, os proprietários não costumavam se arriscar na chuva.

LAMBORGHINI

À direita e abaixo: Mais de 200 Lamborghinis entupiram as ruas nos arredores de Sant'Agata para comemorar o 40º aniversário da empresa.

Abaixo, à direita: A Lamborghini chegou a criar um logotipo para as festividades.

sonhado e, para assinalar o acontecimento na história da marca, houve uma grande festa. Realizada durante o fim de semana de 9 a 11 de maio de 2003, os 600 funcionários da Lamborghini participaram das comemorações, que a maioria dos comentaristas achava que nunca ocorreriam. O mais importante foram os 600 clientes e entusiastas de todo o mundo convidados a participar da festança e que trouxeram mais de 200 Lamborghinis de vários anos.

Pela importância do marco, baseado em uma ideia de Walter de Silva, o 40º aniversário da Lamborghini teve um logotipo criado especialmente para a ocasião. Foram os dutos de ar adiante das rodas traseiras que inspiraram o desenho, com o número quatro encaixado na cavidade, e o zero representando as rodas. Embora a ideia tenha sido de Silva, foi Luc Donckerwolke quem desenhou o logotipo final.

Os carros do 40º aniversário

O fato de a Audi ser a dona da Lamborghini ficou bastante evidente em 2003, quando surgiu a notícia de uma edição especial do Murciélago. No entanto, não se destinava a substituir um carro de baixas vendas que estava chegando ao final da vida – em vez disso, era para a comemoração do 40º aniversário da fabricação de carros pela Lamborghini, algo que muita gente pensava que nunca chegaria a acontecer.

Para decepção geral, em vez de apresentar algo realmente especial, que fosse de fato diferente de outros Murciélagos, o especial do 40º aniversário não tinha muito mais que algumas mudanças cosméticas em relação ao carro de série. O acabamento do exterior veio na cor verde-jade, e havia também molduras de janelas de fibra de carbono, rodas cinza Antracito e pinças de freio prateadas. O interior ganhou um CD player Alpine e um tipo de carpete especial. Esses acréscimos, com certeza, não deram grande trabalho aos projetistas, embora a Lamborghini tivesse tido a ousadia de cobrar 15.000 libras extras pelo modelo do 40º aniversário. Mas isso não impediu que todos os 50 exemplares fossem comprados antes mesmo de serem fabricados.

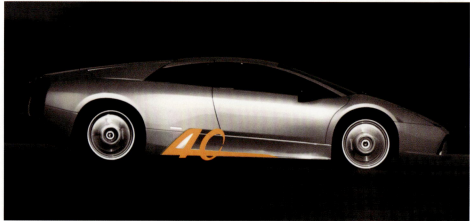

O MELHOR DA RAÇA

Nesta página: Ele parecia fabuloso com sua exclusiva pintura azul (oficialmente verde), mas não valia o extra cobrado. Mesmo assim, todos os Murciélagos do 40º aniversário foram rapidamente arrematados.

O Lamborghini Murciélago e seus rivais em 2004

Marca e modelo	Velocidade máxima (km/h)	0-96,5 km/h (segundos)	0-160 km/h (segundos)	0-402 m (segundos)	Consumo (km/l)	Preço total (libras)
Aston Martin Vanquish S	320+	4,8	10,1	13,1	4,7	174.000
Bentley Continental GT	313*	4,9	11,8	13,5	4,9	110.000
Ferrari 612 Scaglietti	320	4,4	9,7	12,6	4,7	170.500
Ford GT	328	3,5	7,8	11,7	4,3	120.000
Lamborghini Gallardo	309	4,1	9,0	11,7	4,8	117.000
Lamborghini Murciélago	325	3,7	9,0	11,8	4,6	168.000
Noble M12 GTO 3R	264	3,9	9,0	12,3	6,1	52.500
Porsche 911 Turbo 3.6	302	3,9	9,4	12,3	5,1	90.250

* Velocidade máxima anunciada pelo fabricante. Velocidade máxima do Aston Martin Vanquish S superior a 320 km/h. Outros números de desempenho retirados da revista *Autocar*.

À direita: O Centro Stile foi desenhado de acordo com a escola de pensamento minimalista.

O Centro Stile Lamborghini

Como parte das comemorações de seu 40° aniversário, a Lamborghini montou um centro próprio de criação e estilo, que seria responsável pela produção dos desenhos de todos os futuros carros da companhia. Com sua recém-adquirida estabilidade sob o manto da Audi, a Lamborghini podia, por fim, investir em uma instalação dessas; antes, era muito provável que fosse vendida a novos proprietários ou entrasse em falência quando esse centro tivesse sido construído.

O Centro Stile foi ideia de Walter de Silva, enquanto sua direção no dia a dia ficaria a cargo de Luc Donckerwolke. A razão da iniciativa era que ela iria expressar muito claramente a paixão e criatividade que deveria caracterizar o desenho dos carros italianos. Seria também a união das oficinas de artesãos e dos ateliês dos artistas, onde a cultura contemporânea e a progressista se soma à criatividade e beleza com o auxílio das ferramentas de tecnologia mais avançadas.

O Registro Lamborghini

Com 10.000 carros fabricados durante suas quatro primeiras décadas, a empresa resolveu lançar o Registro Lamborghini como parte das comemorações de seu 40º aniversário. A ideia era que todos os Lamborghinis existentes fossem adicionados ao registro, com detalhes completos do carro e de seu proprietário.

Com isso, não só a Lamborghini poderia calcular a taxa de sobrevivência de cada um de seus modelos, como os proprietários também usufruiriam de certos privilégios. Entre eles, descontos na compra de peças, informações gratuitas dos arquivos da empresa e convites para vários eventos da Lamborghini em todo o mundo.

Mudanças para 2005

Era inevitável que as melhorias do Murciélago Roadster chegassem ao cupê. Portanto, no Salão de Genebra de 2005, foi exibido um cupê um pouco modificado. Não havia alterações no motor ou na transmissão, mas o sistema de freios foi modificado e passou a ter os discos de freio ventilados com maior diâmetro (381 mm na frente e 355 mm na traseira) de seu irmão conversível. Então, havia agora pinças de oito pistões na dianteira e de maior diâmetro, de quatro cilindros, na traseira.

Não houve mudanças no visual, então, não se podia esnobar os vizinhos com um novo Murciélago, porque o modelo era igualzinho ao do ano anterior. Isso só seria possível se o comprador se dispusesse a pagar a mais por um conjunto de rodas do Roadster, que, a partir de 2005, passou a ser de série no Murciélago cupê. Se a pessoa estivesse determinada a ser única, poderia gastar um bom dinheiro em um interior diferente, porque o Murciélago ano-modelo 2005 oferecia a opção de acabamento interno em fibra de carbono.

Havia também outras modificações sob a carroceria, pois o sistema de amortecedores eletrônicos (oficialmente denominado Amortecimento de Frequência Seletiva) foi revisado para atuar com maior precisão. Houve também ajustes no sistema de levantamento, que permitiam elevar a frente do carro para passar por lombadas e outros obstáculos. O aprimoramento final foi no sistema de limpadores de para-brisa, que agora o limpavam com maior eficiência à medida que a velocidade aumentava até as três centenas de quilômetros por hora.

À direita: A partir de 2005, as rodas mais espalhafatosas do Roadster passaram a ser de série no cupê.

O MELHOR DA RAÇA

Competindo com o R-GT

Embora a Lamborghini nunca tivesse se entusiasmado com a ideia de participar de corridas oficialmente, ela não foi contra dar a ricos entusiastas a oportunidade de participar de competições. Já havíamos visto Diablos nas pistas em suas séries de corrida; em outubro de 2003 os primeiros Murciélagos R-GT foram vistos participando do campeonato Europeu FIA GT, em Estoril, Portugal.

Por 350.000 libras era possível comprar um Murciélago R-GT, para participar tanto do campeonato Europeu FIA GT como da Série Le Mans Americana. Incluso no preço estava o apoio de pista do Programa Esportivo para Clientes da Lamborghini.

Desenvolvido pela Audi Sport e Reiter Engineering, o R-GT era um carro 600 kg mais leve que o modelo de série, em parte graças à eliminação da tração nas rodas dianteiras. Em consequência, apenas as rodas traseiras eram tracionadas por um câmbio sequencial de seis marchas – com a potência suprida por uma versão de 6 litros do motor V12, no lugar da usual de 6,2 litros.

O R-GT nunca conquistou o que a Lamborghini havia esperado, e a partir de meados de 2005 o projeto ficou sob o controle somente da Reiter Engineering, de maneira que passou a ser terceirizado.

À esquerda e abaixo: A Lamborghini havia se mantido sempre fora das competições; o R-GT mostrou por que essa era a melhor política.

LAMBORGHINI

Acima: Borboletas na coluna comandavam as trocas de marcha.

Abaixo: Discos de freio de carbono-cerâmica foram uma revelação.

O e-Gear sequencial

Embora caixas de câmbio manual sequenciais com borboletas para troca de marcha fizessem parte dos carros durante vários anos, somente no Salão de Frankfurt de 2003 a Lamborghini apresentou seu sistema para o Murciélago, apesar de o Gallardo ser equipado com um sistema similar. Chamado e-Gear, com ele as trocas de marchas são feitas eletro-hidraulicamente por meio de borboletas atrás do volante de direção, permitindo a troca de marchas (supostamente) de modo mais rápido do que o motorista comum consegue executar.

É um sistema sofisticado, em que o sistema de gerenciamento do motor se comunica com o mecanismo de controle de tração, além da própria caixa de câmbio, para adaptar as condições de uso ao estilo do motorista. Com três modelos selecionáveis (normal, esporte e de baixa tração), o sistema substitui as ações do motorista se houver risco de queda da faixa ideal de potência ou de excesso de rotações do motor.

Apesar de algumas caixas semiautomáticas apresentarem falhas graves de software que não tinham a ver com o câmbio, o sistema da Lamborghini funcionou muito bem o tempo todo. Mas elas se beneficiaram de alguns refinamentos atuais. Quando o Murciélago 2006 foi apresentado, o e-Gear havia tornado a caixa de câmbio manual redundante, pelo menos no caso do Murciélago.

Mais mudanças para 2006

De certa forma, era um pouco fácil ser um fabricante de supercarros em 2005; havia dinheiro suficiente para isso e, se você tivesse uma marca forte como a da Lamborghini, não faltavam compradores fazendo fila para adquirir seus produtos mais exclusivos. O problema era que a potência estava se tornando cada vez mais barata; o próprio Gallardo da Lamborghini oferecia 500 cv por cerca de dois terços do preço de um Murciélago. Em toda parte, era possível adquirir carros ultrapotentes das marcas Ferrari, Maserati, Mercedes-Benz e várias outros fabricantes por um custo baixo. No entanto, embora somente a última novidade bastasse para algumas pessoas, muita gente questionou a necessidade de gastar muito mais dinheiro com um carro que não era de fato mais veloz. Em vista disso, cabia à Lamborghini o ônus de manter o desenvolvimento do Murciélago para permanecer na frente.

Para 2006, a empresa anunciou um novo conjunto de mudanças para o modelo carro-chefe da Lamborghini, embora sem aumento de potência, as modificações iam em geral pouco além de uma maquiagem, porque o Murciélago já era muito bom desde o começo. Além de navegação por satélite (item de série nos carros vendidos na Europa), havia também a opção de especificar vários itens de acabamento interior com fibra de carbono, inclusive a cobertura do painel de instrumentos, a alavanca do freio de estacionamento, o cinzeiro e a tampa da alavanca de câmbio. Apenas para assegurar que o populacho soubesse exatamente o tipo de carro que você estivesse dirigindo, podia-se também especificar um logotipo colorido Lamborghini para as rodas, além do touro atacando em relevo nos apoios de cabeça. O conjunto recebeu o nome de "Pacote de marca" – muitas pessoas o chamaram de "mau gosto".

Não se tratava apenas de estilo (ou de falta dele) em detrimento da substância, no entanto. Embora a Porsche e a Mercedes-Benz já oferecessem freios de carbono-cerâmica há algum tempo, pela primeira vez eles equipavam o Murciélago. Ao preço de cerca de 8.000 libras acrescidos às 177.600 libras que custava o carro de série, eles não eram baratos, mas para o comprador típico do Murciélago não chegava a ser um valor exorbitante. Mais importante, para os que gostavam de dirigir o Murciélago da forma como ele foi projetado para ser dirigido, os freios de carbono eram uma revelação. Eles não apenas deixavam de sofrer efeitos de alta temperatura, mesmo que o carro fosse muito exigido, como também reduziam bastante as distâncias de frenagem. Além disso, deveriam ter uma duração mais longa que a dos discos de freio de ferro fundido, algo que os fabricantes de automóveis concorrentes alardeavam. Mas, embora as coisas devessem ser assim, alguns compradores dos carros dos concorrentes não estavam encontrando nada disso...

O MELHOR DA RAÇA

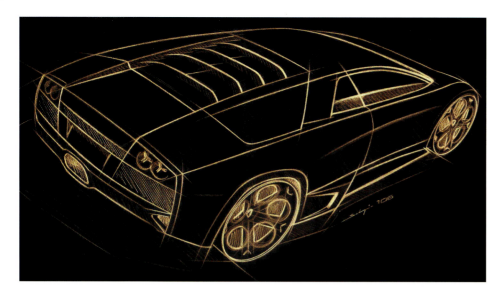 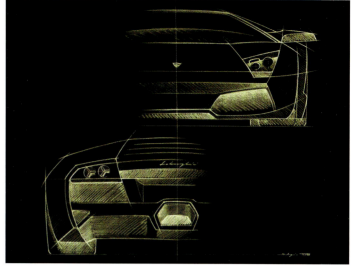

O LP640: O melhor Murciélago até então

Após os tempos ruins dos anos 1970 e 1980, estava claro que a aquisição da Lamborghini pela Audi foi uma excelente notícia para a empresa. Por fim, houve investimento adequado; então, não surpreende que 2006 tenha sido o melhor ano de todos para a Lamborghini, com 2007 prometendo ser ainda melhor. Havia razões para otimismo, porque em fevereiro, no Salão de Genebra de 2006, a próxima versão do Murciélago foi anunciada: o LP640. Com um nome que lembrava os dias do Countach, o novo carro indicava a potência do motor V12, que havia sido aumentado para 6.496 cm³. Embora ninguém pudesse dizer que o Murciélago fosse lento, estava se tornando cada vez mais difícil justificar o alto preço cobrado pelo carro, quando seu irmão menor, o Gallardo, proporcionava um desempenho muito superior por um custo bem menor. Esse carro tinha um motor V10 de 500 cv, que lhe permitia atingir quase 320 km/h, levando-o de 0 a 100 km/h em pouco mais de 4,0 segundos. Com o Murciélago custando, pelo menos, 50% mais que o Gallardo, algo tinha de ser feito para ampliar a diferença de potência entre ambos.

Embora o objetivo do LP640 fosse ser o mais importante carro de linha da Lamborghini, ele era muito mais que apenas um Murciélago com um motor maior; em quase todos os aspectos o carro recebeu algum tipo de cuidado. Como se o carro de série já não fosse bastante impressionante, a aparência do LP640 foi melhorada para mostrar que ele era para valer. Além de uma grande entrada de ar do lado esquerdo para conduzir o ar ao radiador de óleo, havia um difusor instalado na saia traseira, que incorporava um enorme escapamento central. Numa tentativa de se manter no mesmo nível do pessoal da Ferrari, uma tampa de motor transparente estava também disponível para quem não quisesse esconder seu V12 sob uma tampa enorme. Para tornar as linhas do carro mais suaves, os espelhos retrovisores e os limpadores de para-brisa foram redesenhados, e, para completar o pacote, foram instaladas rodas Hermera de liga, pintadas de preto para parecerem mais ameaçadoras. Não foi só o exterior que sofreu atualização. A cabine recebeu sua devida cota de atenção também,

Acima e acima à esquerda: Os esboços iniciais do LP640 mostravam que as linhas do novo derivado seriam muito parecidas com as do carro de série.

À esquerda: O LP640 estreando no Salão de Genebra de 2006.

151

LAMBORGHINI

À direita: Novas rodas de liga tornaram o LP640 mais satânico.

Abaixo: Os proprietários podiam especificar uma tampa de compartimento de motor transparente para exibir seu V12.

À direita: As grandes entradas de ar instaladas na soleira enviavam ar ao radiador de óleo.

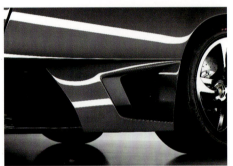

Abaixo, à direita: Havia agora um só sistema de escapamento central, em vez de dois menores.

com costuras em forma de losango e novas luzes no painel.

No entanto, embora o desenho fosse mais satânico do que nunca, era a mecânica que dava ao LP640 o poder de falar grosso. Ambos, diâmetro e curso foram aumentados (para 88 mm e 89 mm respectivamente), enquanto cada componente foi ajustado para se obter a máxima eficiência. Isso significava que os cabeçotes do cilindro e todo o sistema de admissão (baseados no sistema de geometria variável) foram revisados, além do virabrequim, das árvores de comando de válvulas e do sistema de escapamento. O resultado de todo esse esforço foi uma potência máxima de 640 cv a 8.000 rpm com uma taxa de compressão de 11,0:1, enquanto o torque aumentou para 67,2 mkgf a 6.000 rpm. Esses números eram suficientes para a velocidade máxima anunciada do LP640 chegar a 340 km/h. Enquanto o tempo de 0 a 100 km/h era agora

de apenas 3,4 segundos – uma redução de 0,4 segundo em relação ao tempo do Murciélago de série.

Para garantir máxima tração, a Lamborghini utilizava sua tração VT ("tração viscosa") nas quatro rodas, com um diferencial aprimorado e árvores de transmissão mais fortes. Como no carro de série, a divisão de torque era 30:70 da frente para a traseira em condições normais de direção, embora até 100% pudessem ser transferidos a qualquer um dos eixos que pudesse transmiti-lo melhor.

A caixa de câmbio manual de seis marchas também foi reforçada, enquanto a transmissão e-Gear podia ser especificada como um modo "Empuxo" – projetada para proporcionar a maior aceleração possível partindo da imobilidade.

Para ajudar a mantê-lo na estrada, o LP640 era equipado com a mesma configuração de suspensão do modelo de série, mas com amortecedores redesenhados com controle eletrônico, além de molas revisadas. Mais importante, para desacelerar o carro de altas velocidades, foram instalados freios maiores, com ABS de quatro canais. Embora discos de ferro fundido fossem itens de série, era possível especificar discos de cerâmica – completos com pinças de seis pistões.

Acima: Houve poucas mudanças no interior; uma nova iluminação dos instrumentos foi a principal.

Abaixo: A Lamborghini não perdia uma oportunidade; ela logo apresentou um LP640 Roadster.

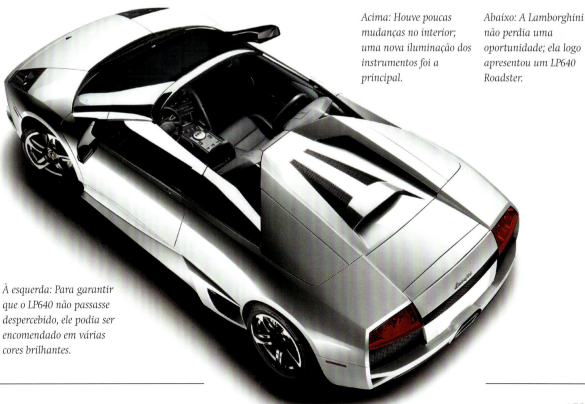

À esquerda: Para garantir que o LP640 não passasse despercebido, ele podia ser encomendado em várias cores brilhantes.

LAMBORGHINI

O LP640 Versace

Ferruccio Lamborghini deve ter-se revirado no túmulo quando o LP640 Versace foi mostrado no Salão de Paris de 2006. Destinado a quem tinha mais dinheiro do que gosto, esse foi o pior Lamborghini desde que passou a pertencer à Audi; a companhia realmente chegou ao fundo do poço. Nessa etapa, ela já estava oferecendo o programa de personalização chamado Ad Personam, através do qual os compradores de qualquer novo produto de Sant'Agata podiam decorar suas novas aquisições com esquemas de cores encomendados. Embora a Lamborghini dissesse que o programa oferecia "o mais alto nível de individualidade e exclusividade", a realidade era que ele não consistia em nada mais que pedaços de couro diferentes dos de série e fibra de carbono na cabine. Os únicos pequenos detalhes que iam além disso eram lanternas traseiras escuras, vidros traseiros com película escurecedora, pinças de freio amarelas e uma maior variedade de desenhos de rodas.

À direita e abaixo à direita: O esquema Ad Personam permitia aos proprietários personalizar seus carros, mas havia na verdade muito poucas opções a escolher.

Abaixo: O desempenho do BF se concentrava na estética, nem sempre melhorando-a...

O Versace se baseava no LP640 de mais altas especificações que havia, o que significava que ele tinha rodas Hermera pretas, e-Gear e vários objetos e itens de todos os tipos feitos de fibra de carbono. Os rapazes da Maison Versace fizeram então um par de maletas de couro de boi (para ele e para ela) com um par de sapatos e de luvas de dirigir. Esses acessórios foram combinados com o carro, completo com suas etiquetas de autenticidade. Legal...

O carro em si não escapou da atenção dos estilistas da Versace, com a seção inferior do painel de instrumentos, o teto, o console central e os bancos com forração de couro de ovelha da melhor qualidade. Apenas como acabamento, o logotipo da Versace foi espalhado pela cabine. Que bom gosto!

Quando muito não é o bastante

Embora a empresa alemã BF Performance tenha sido fundada só em 2005, não demorou a reunir dois Lamborghinis modificados. O Gallardo e o Murciélago foram os primeiros trabalhos da BFP, com mudanças meramente estéticas. Alterações internas e externas eram possíveis, como fibra de carbono, couro e aço inox no primeiro caso, e algumas combinações de cores de ofuscar. Instalações de som de alta fidelidade aprimoradas também foram possíveis, além de cintos de segurança de corrida de cinco pontos e uma gaiola de segurança de aço inox.

O exterior do carro, igualmente exagerado, tinha aplicações de fibra de carbono na carroceria, como um defletor dianteiro e um aerofólio traseiro. Copiando a Ferrari com a F360, havia também a opção de uma tampa de motor transparente, para que todos pudessem ver o magnífico V12 em toda a sua glória. Como tudo isso não bastasse, se as rodas da edição de série fossem consideradas um pouco desinteressantes, podia-se especificar outras, de tala 13 pol. de três segmentos com um desenho de múltiplos raios.

154

Especificações: Lamborghini Murciélago

MOTOR

Descrição
Traseiro central, transversal, V12 a 60° com bloco inteiriço e cárter de alumínio fundido com camisas de ferro fundido montadas por encolhimento. Dupla árvore de comando de válvulas por bancada, tuchos de aço tipo copo invertido atuando com válvulas inclinadas. Pistões de cabeça côncava com três anéis, bielas de aço. Virabrequim de aço cromo-níquel endurecido de sete mancais usinado de material bruto

Cilindrada
6.192 cm³; LP640: 6.496 cm³

Diâmetro e curso
87,0 mm x 86,8 mm
LP640: 88,0 mm x 89,0 mm

Taxa de compressão
10,7:1 (LP640: 11,0:1)

Potência máxima
571 cv a 7.500 rpm (Roadster: 580 cv)
LP640: 631 cv a 8.000 rpm

Torque máximo
66,2 mkgf a 5.400 rpm
LP 640: 67,1 mkgf a 6.000 rpm

Alimentação
Injeção de combustível sequencial

TRANSMISSÃO

Caixa de câmbio
Seis marchas, totalmente sincronizadas, com acoplamento viscoso para tração nas quatro rodas. Opção sequencial manual no Roadster, de série no LP640

Relações	Murciélago	LP640
1ª	2,941:1	3,091:1
2ª	2,056:1	2,105:1
3ª	1,520:1	1,565:1
4ª	1,179:1	1,241:1
5ª	1,030:1	1,065:1
6ª	0,914:1	0,939:1
Ré	2,529:1	2,692:1

Embreagem
Monodisco de 272 mm a seco

Redução final
Par hipoide, relação 3,9:1 (LP640: 3,142:1)

FREIOS

Dianteiros
Discos ventilados 355 mm
LP640: 380 mm

Traseiros
Discos ventilados 335 mm
LP640: 380 mm

Operação
Hidráulica, servo, antitravamento

Freio de estacionamento
Alavanca com cabo de conexão aos discos traseiros

SUSPENSÃO

Dianteira
Independente. Braços triangulares superpostos, molas helicoidais, amortecedores telescópicos reguláveis, ajuste de altura de rodagem eletro-hidráulico

Traseira
Independente. Braços triangulares superpostos, molas helicoidais, amortecedores telescópicos reguláveis, ajuste de altura de rodagem eletro-hidráulico

DIREÇÃO

Tipo
Pinhão e cremalheira, com assistência de direção

Número de voltas entre batentes
2,9

Diâmetro mínimo de curva
12,55 m

Volante
Três raios

RODAS E PNEUS
8½ J x 18 pol. na dianteira
13J x 18 pol. na traseira, de liga

Pneus
245/35ZR18 pol. na dianteira
335/30ZR18 pol. na traseira, Pirelli P-Zero Rosso

DESEMPENHO
Teste de rua do LP640 realizado pela revista *Autocar*, em 1º de novembro de 2006

Velocidade máxima
Estimada em 338 km/h

Aceleração

0-80 km/h	2,9 s
0-96,5 km/h	3,5 s
0-112 km/h	4,5 s
0-128 km/h	5,5 s
0-144 km/h	6,6 s
0-160 km/h	7,8 s
0-177 km/h	9,2 s
0-193 km/h	10,6 s
0-209 km/h	12,7 s
0-402 metros	11,8 s

Consumo médio de combustível
4,3 km/l

DIMENSÕES

Comprimento
4.580 mm
LP640: 4.610 mm

Largura
2.045 mm
LP640: 2.058 mm

Altura
1.135 mm
Roadster: 1.132 mm

Distância entre eixos
2.665 mm

Bitolas
Dianteira: 1.635 mm
Traseira: 1.695 mm

Peso
1.650 kg
Roadster/LP640: 1.665 kg

Posfácio

Quando este livro foi escrito, o Miura havia acabado de comemorar seu 40º aniversário, como um dos carros mais reverenciados de todos. Com o conceito Miura predefinido antes mesmo de sua produção, e sem nenhuma réplica do carro disponível atualmente, parece que jamais haverá exemplares suficientes do primeiro supercarro de motor central da Lamborghini para se adquirir (genuínos ou não), então, a sobrevivência de quaisquer carros genuínos fica assegurada daqui em diante.

Mesmo carros que em geral dificilmente poderiam ser reparados podem sê-lo, e depois devolvidos às ruas graças ao seu valor bastante alto.

Por causa dessa situação, faz sentido, do ponto de vista econômico, refazer peças que não mais existem, e, dependendo das suas condições financeiras, é possível obter uma quantidade surpreendente de peças originais. No entanto, como o carro é muito raro – e isso se aplica ao

POSFÁCIO

Countach até certo ponto –, há poucos especialistas que realmente sabem o que fazem quando se trata da manutenção de velhos Lamborghinis. É por isso que você precisa saber das coisas antes de confiar seu Lamborghini histórico a qualquer um.

A partir de 2007, a Lamborghini parece em melhor forma do que nunca sob a posse da Audi. A produção e as vendas estão em seu maior pico histórico, e com o cinquentenário parece que a marca de Sant'Agata, que tantos deram como perdida em várias ocasiões, poderá acabar rindo por último. Ou não? A Audi tem aumentado sua produção e existem receios de que a exclusividade que a Lamborghini sempre teve pode se tornar coisa do passado, com os carros se tornando um tanto comuns demais.

O "pequeno" Lamborghini, o Gallardo, já é tão veloz e potente que muita gente questiona a razão de ser do Murciélago. Embora o LP640 fosse um carro de venda rápida, serão esses níveis de vendas sustentáveis? Já residuais, eles podem se tornar muito baixos, com a oferta excedendo a demanda com frequência; algo que a Audi deve considerar seriamente, ou poderá ficar com um conjunto de carros para os quais não há procura. Quer isso aconteça ou não, o mérito que não se pode tirar da Audi é o fato de os Lamborghinis terem passado a ter um padrão muito mais alto de desenvolvimento, engenharia e qualidade de fabricação do que jamais tiveram. Quase germânicos, na verdade...

Nesta página: Miuras antigos e novos, mas apenas um deles é admirado universalmente. É uma pena, porque como o desenho retrô tornara-se desnecessário, o Miura estava implorando por ser reinventado.

157

Índice remissivo

Abarth 16
AC
 Cobra 38, 50
 428 38
Achilli de Milão 72
Affolter 129-30
 Diablo Evolution 129-30;
 GT1 129; GTR 130; edição
 Miami 129; VT Roadster 130
Alfa Romeo 14, 98
Alfieri, Giulio 15, 69, 73
Alpine, produtos de áudio 82,
 114, 146
American Fibrebodies
 American Car Kit 95
American Le Mans, Série 149
American Motors AMX/3 14
Armstrong Titan 95
Art & Tech Torino 90
 Sogna 90
Artese, Alessandro 69
ASA 14
Aston Martin 69
 Vantage 109
ATS 14
Audi 118, 120, 122-3, 134-5,
 137-8, 142, 145-6, 148, 151,
 154, 157
Audi Sport 149
Auto Build-up Services (ABS) 92
 Monaco 92, 95
 Scorpion 92
Autocar, revista 32, 37-8, 64,
 77-8, 80, 99, 108, 121, 142
Automobile, revista 78
Autostar 14

Balboni, Valentino 6, 15
Ballabio, Fulvio Maria 194
Barcelona, Salão de 1967 29
Barker, John 130
Bentley 137
Bergeman, Vini 88
Bertone 14, 16, 24, 26, 40-1,
 47, 56, 92, 138
 Athon 71
 Carabo 55-6, 137
 Genesis 80-1
 Stratos 137

Bertone, Nuccio 16, 24-5, 56, 80
BF Performance 154
Bizzarrini, Giotto 7, 14, 17-8, 42
Bizzarrini, Prototipi
 GT Strada 14, 30
 GTS 4.4V 14
Blain, Doug 42, 46-7
BMW, Divisão Motorsport 68
 M1 68-9
 Turbo 69
Bolonha, Salão de 1964 13;
 1995 113
Bonacini, Luciano 29
Bonhams, casa de leilões 29
Bonnet, René 23
Booth Alan 92
BPR International Endurance
 GT, série 116
Brightwell CR6 Stinger 92
Broadbest Primo 91
Bruxelas, Salão de 1963 17;
 1968 40
Bugatti 12, 137
 EB 110 16; GT 109;
 Veyron 49, 136-7

Cage, Nicolas 44
Car, revista 39, 42, 46-7, 68, 99
Car Works, The 43
Carrozzeria Touring Flying
 Star II 30
Centro Stile 148
Cheetah Cars 50
 Mirach II 50
Chevrolet Camaro 48
Chiti, Carlo 14, 104
Chrysler 82, 86, 98, 100, 106
Citroën
 BX 16
 SM 118
Cizeta V16T 16, 99
Coltrin, Peter 32
Comparação com rivais
 Countach LP400 66;
 Countach LP500S 74; Diablo
 VT 105; Miura P400S 37;
 Murciélago 147
Concept Automobiles GCT
 Countach 94-5

Constable, Roger 43
Copenhague, Salão de 1998 118
Corbett Motor Cars Countach
 5000S 95

Dallara, Gianpaolo 15, 18, 22,
 42, 67-8, 70
Dayton, Bill 100
de Silva, Walter 146, 148
De Tomaso 15
 Mangusta 37, 54
 Pantera 54
Dean, Dick 88
Detroit, Salão de 1996 117
 2006 48
Djet 23
Djody, Setiawan 106
Dodge Charger 48
Donckerwolke, Luc 48, 138,
 144, 146, 148
DTM, série alemã de corridas 125
Dunlop, pneus 42

Elegant Motors
 Magna S 95
 Stealth Sports Coupé 95
Emilianauto de Bolonha 72
Especificações: Countach LP400,
 LP400S, LP500S 87; Diablo
 (pré-1998) 119; Diablo
 (pós-1998) 131; Miura P400,
 P400S, SV 51; Murciélago 155
Estoril 149
Exército sírio 78
Exotic Dream Machines
 California Countach 95
Exotic Enterprises
 Interceptor 95
Exotic Illusions Eurosex 94

Ferrari 11, 14-5, 25, 29, 45, 82,
 121, 150-1
 Berlinetta Boxer 54, 76
 F360 154
 F430 138
 206GT 39
 246GT 24
 250 GTO 14, 30
 250P 17

250SWB 14
250 Testarossa 14, 76-7, 101
288 GTO 83
348 82
360M 82
365GTC 38
512 TR 109
Ferrari, Enzo 14
FIA 42
 Campeonato GT
 Europeu 149
Fiat 72
 Topolino 11
 147 72
Ford 45, 69
 GT 48
 GT40 22-5, 37, 48
 XR 311 69
Ford II, Henry 45
Frankfurt, Salão de 2003 150

Gale, Tom 100
Gandini, Marcello 16, 23-5, 49,
 55-6, 99-100, 103, 113
GB Racing GB 500S 91
Genebra, Salão de 1964 19;
 1965 19; 1966 18, 22-3,
 26-7, 31; 1971 45, 56-7;
 1973 57, 61; 1977 69; 1978 70;
 1981 73, 78; 1982 73; 1985 76;
 1991 90; 1992 113; 1993 104;
 1994 130; 1996 126-7, 135;
 1998 136; 2004 144; 2005 148;
 2006 151
Ghia 24
Giro D'Italia 1991 104
Giugiaro, Giorgetto 14, 16, 24, 68
Gordon-Keeble 14
Grupo 4 de corridas 68
GT1, classe de corridas 137

Hahne, Hubert 69
Harris, Chris 142
Heuliez Pregunta 118
Homewood, Jon e Nick 92
Hutson Motor Co. 50

Iacocca, Lee 45, 82
Imola 128

International Zinc & Lead
 Development Association
 (ILZRO) 41
 ZN 75 41
Iso 14
 Grifo 14, 30,38; A3/C 14;
 A3/L 14;
 Rivolta 14; GT 14
Italdesign 136

Jaguar
 E-Type 14
 XJ220 108

Kelsey Hayes 120
Kenwood 82
Kidston, Simon 29-30
Kimberley, Mike 106
Kingfisher Moulding
 Countess 92
Kit Car, revista 91
Koenig 130
 Countach 90, 92;
 Diablo 130; Roadster 130
Koenig, Willy 90, 130
Koroneos, Demetrios 94
Kustom Motorcars
 KMC5000GT 95

Ladret Design West 88
Lamborghini
 40° aniversário 145-8
 dificuldades financeiras 11,
 60, 68-9, 71-2, 104,
 145
 fábrica de Sant'Agata 12-3,
 17, 47, 73, 82
 mudanças de donos 6, 11,
 45, 48, 59-60, 69, 72-3,
 82, 98, 100, 106, 118, 120,
 134, 145, 151
 problemas trabalhistas 12-3,
 15
 tratores 11-2, 48
Lamborghini, Academia de
 Direção 128
Lamborghini Class Challenge 116
Lamborghini, modelos
 Cheetah 69, 73, 78

158

ÍNDICE REMISSIVO

Countach (Projeto 112) 6, 15-6, 45-8, 54-95, 98-9, 101-2, 156; LP400 57, 61-8, 70; LP400S 67-8, 70, 75; LP500 56; LP500S (5000S, EUA) 73-5, 77, 94; QV 18, 71, 76-8, 83-5, 90
Countach Anniversary 84-6, 103
Countach Evoluzione 83
Diablo (Tipo 132) 16, 82-3, 86, 98-131, 126, 149; GT 121, 123-4; GTR 117, 123-5; GT1 117-8; GT2 116-8, 121; Roadster 92, 113-4, 129; SV 115, 130; SV-R 116-7; VT 103-6, 114, 126; retoques para 1999 120; 6 litros 121-2; 6.0SE 126
Espada 16, 47, 57, 106, 135
Gallardo 49, 118, 137, 151, 154, 157
Islero 19
Jalpa 72-3, 113
Jarama 47, 57
Miura (P400) 6, 11, 13, 15-6, 18, 22-8, 31-2, 40, 43, 45, 48-9, 99, 102, 134, 156-7; Roadster 40-1
Miura Jota 15, 28, 42-4
Miura S (P400S) 28, 33-8, 45-6, 50
Miura SV 36, 45-7, 58, 115
Miura SVJ 29, 44
Miura 2006 48, 157
Murciélago 48, 123, 134-55, 157; R-GT 149; Roadster 144-5; especial de 40º Aniversário 146-147
Murciélago LP640 7, 151-3, 157; Roadster 153; Versace 154
Quattrovalvole (QV) 6, 76-7, 84-5
Silhouette 16, 71-3, 113
Urraco 16, 72-3
LM 001 73, 78, 106
LM 002 79
LM 003 79
LM 004 7, 79

LMA 79
SE30 107-11, 121, 130
Jota 112, 115, 121
350GT 6, 19, 22, 24, 30
350GTV 11, 19, 30
400GT 18-9, 23, 25, 28-30
Lamborghini, Ferruccio 11, 14-5, 18-9, 26, 45, 154
Lamborghini Philippe Charriol Supersport, troféu 116
Lamborghini, Registro 148
Lancia Stratos 16
Lawrence, Chris 43
Lawrenson, Paul 50, 91-2
Le Mans, corrida 24 horas 115-6, 137; 1961 14
LeasePlan Finance 116
Leimer, René 59, 68-9, 130
Los Angeles, Salão de 2006 48
Lotus 106
Seven 50
Lucas Varity 120
Lutz, Bob 82

Magneti-Marelli 118
Maison Versace 154
Maniscalchi, Naz 128
Marauder MkX 94-5
Marazzi 16
Marelli 99, 101
Marmaroli, Luigi 98
Maserati 15, 25, 29, 69, 82, 150
Bora 54
Chubasco 16
Khamsin 16
Shamal 16
Matra Jet 23
McLaren F1 109
Mega Tech 106, 117
Mercedes-Benz 150
CLK GTR 137
MG TF 50
Michelin, pneus 67
Mimran, Jean-Claude e Patrick 72-3, 78
MIRA, teste de impacto 60
Mirage 92
Miura, Don Antonio 137
Mobility Technology

International (MTI) 69
Molina, matador Rafael 'Lagartijo' 137
Mônaco, GP 1966 26
Monte Carlo Centenaire 104
Monza 14, 84
Morgan Plus 8 38
Motor, revista 64
Motores
BMW V12 50, 128
Chevrolet V8 91, 95; Corvette 117
Chrysler V8 68, 78
Ferrari 12 cilindros horizontais opostos 76
Ford CVH 509; Pinto 50; Taurus V6 88; V-6 91; V-8 91
Honda V6 50
Jaguar V12 91, 94
Lamborghini V10 49; V12 6-7, 11, 14, 17-8, 28, 45, 56-8, 73-5, 79, 81, 83, 101, 104, 117, 120-1, 125, 130, 140-2, 149, 151
Renault 30 50, 91; V-6 50, 91
Rover V8 50, 89, 91, 128
VM turbodiesel 79
VW Beetle 95
Munro, Matt 48

Nader, Ralph 60
Nardò, pista de teste de 143
Neri & Bonacini 19, 30
Nembo Ferraris 29
400GT Monza/Jarama 29
Neri, Giorgio 29
Neumann, Raymond 69, 71-2
Nichols, Mel 68, 78
Nissan 300ZX 120
Noble, Lee 91
Northeast Exotic Cars Scorpion 95
Novaro, Emile 73, 100
Nuova Automobili Lamborghini SpA 72

Octane, revista 43
Osca 1000 Competizione 16

Pagani, Horacio 83
Panache 92
Parallel Designs 50
Torrero S 128
Paris, Salão de 1966 31; 1998 118; 2006 154
Performance Car, revista 86, 130
Piëch, Ferdinand 136
Pirelli, pneus 19, 33-4, 67, 82, 110
Pontiac Fiero 94-5
Porsche 150
904 24
911 16, 99
917 55
959 83, 99
Prova Designs 50, 92
Prova 91; ZL 50
Pullford, Piet 43

Reiter Engineering 149
Renault 16
Superfive 16
Réplicas de carros 50
Countach 50, 89, 91-5, 128
Diablo 50, 128
Miuras 50, 156
Rety, Zoltan 72
Rivolta, Renzo 14
Road & Truck, revista 32, 37-8, 65, 68
Rosetti, Georges-Henri 48, 59, 69
Ryan, Mike 89

Sandford-Jones, Graham 50
Sanna, Giorgio 143
Sargiotto Bodyworks 19
SAT 117-8
Scaglione, Franco 19
SeaRoader 89
Streamline 89
Sgarzi, Ubaldo 69
Sienna Cars Sienna 92
Silhouette Cars 50
SC5000S 94
Sports Car World, revista 68
Stanzani, Paolo 15, 42, 59-60
Steinmetz, Klaus 69
Strosek Tuning Diablo 130

Suharto, Haji Mohammed 106-7
Suharto, 'Tommy' (Hutomo Mand ala Putra) 106, 111
Sutcliffe, Stephen 108, 142

Time Machine Motorcar Co. 95
Starfighter 94
Trio, aparelhos de som 82
Touring 19, 24
Tóquio, Salão de 1997 136; 2001 136
Tração nas quatro rodas 103-6, 109, 114, 126, 140, 143, 153
Turim, Salão de 1963 14, 19; 1965 22, 24; 1966 31; 1968 33; 1970 45; 1980 71; 1988 80

Ultra Designs 92
Ultra Limousines 88
California Countach 88
Um golpe à italiana, filme 48

Vector Automotive 117
M12 (AWX-3) 116-7
SRV8 117
Venom 94
Venturelli, Gianfranco 104
VGM Motors 14
Viti, Giorgio 14
VW 137
Beetle 94-5
W-12 136-7
VW/Audi, grupo 136-7
Wallace, Bob 11, 15, 26-7, 32, 42-3, 60
Weber 99, 101
Wicki, Alain 126
Wolf, Walter 67, 69-70
Wymondham Engenharia 43

Xá da Pérsia 29, 44

Yamazaki, Ryoji 90

Zagato 126-7, 138
Projeto L147 138
Raptor 126-7
Zampolli, Claudio 99

159